무조건 돈 버는
부동산
절세 비법

세금 영리하게 안 내는 것도

재테크입니다!

무조건 돈 버는
부동산
절세 비법

이정윤·최형진·홍용학·이하나·민광식·차하나 지음

베가북스
VegaBooks

— 이정윤 세무사

　슈퍼개미로 활동하면서 주식 관련 질문도 많이 받아왔지만, 세무사로서 세금 관련 질문도 셀 수 없이 많이 받아왔습니다.

　그중 주택과 관련된 세금 문의가 가장 많았는데요. 아직 내 집 마련을 못 한 무주택자부터 1주택자, 다주택자까지 전 국민이 관심 있는 소재이기 때문입니다. 집을 취득할 때 취득세, 보유하고 있을 때 재산세와 종합부동산세, 처분하게 될 때 양도소득세와 상속·증여세 그리고 주택임대사업자와 부동산법인까지 부동산과 관련해서 받았던 질문들을 추리고 추려서 이 책 한 권에 담았습니다.

　부동산 관련 세법은 너무도 자주 개정되기 때문에 절세의 전략을 짜기 쉽지는 않습니다. 발 빠르고 현명한 소수의 전문가를 제외하면 세법 개정을 고려한 최적의 의사결정이 힘든 것이 현실입니다. 이를 고려하여 이 책은 그동안의 개정 사항, 2022년 최근 개정 세법을 완전히 반영했고 부동산투자수익에서 최대한 세금을 줄이는 전략을 짜는 데 도움을 드리고자 했습니다.

부자의 꿈을 이루려면 소비를 줄이고 소득을 늘려서 만든 시드머니로 투자를 잘 해야 합니다. 우리 소비지출에서 가장 큰 비중을 차지하는 요소가 세금임은 팩트라 해도 과언이 아니죠. 특히 부동산투자에서 세금 지출은 최종 투자수익률에 절대적 영향을 끼칩니다. 투자수익률을 높이고 부자가 되기 위해서 이 책을 열심히 읽어보시는 것 어떨까요?

이 책이 공저인 이유는 방대한 부동산 세법을 꼼꼼히 검토하고 좋은 주택 관련 세금 책을 만들기 위함이었습니다. 능력 있는 세무사님들의 이론과 실무 경험이 동반 상승의 효과를 발휘하여 시중의 다른 세법 책들보다 좀 더 탄탄한 구성, 내용을 담을 수 있었고 그래서 뿌듯합니다. 부족한 저와 함께 이 책을 완성해준 다섯 분의 세무사님께 다시 한번 지면으로나마 감사의 말씀 전합니다.

이 책을 읽으시는 독자님들 모두 부자 되세요!

— **최형진 세무사**

한때 정부가 준공공임대주택 제도를 도입하여 주택임대사업자에게 많은 세제 혜택을 부여한 적도 있습니다. 그러나 부동산 가격이 폭등하면서 2018년 9·13대책, 2019년 12·16대책, 2020년 6·17 및 7·10 대책을 발표했습니다. 이와 함께 세법이 너무 자주 개정되어 세무 전문가들도 상담을 피하는 지경에 이르렀습니다. 세금으로 인한 리스크가 커졌죠.

저는 앞서 국세청 조사국, 일선 세무서에서 세무조사, 재산제세 업무로 쌓은 경험을 토대로 세무 리스크를 줄이고 절세를 할 수 있는 방법을 독자 분들이 쉽게 이해할 수 있도록 집필했습니다.

특히 지속적인 세무관리, 절세전략 수립을 통해 주택임대사업자, 1인 부동산법인을 운영하시는 분들께 많은 도움이 되기를 바랍니다.

— **홍용학 세무사**

세무사라는 직업을 가진 지 12년이 지났지만, 아직도 세법이 학문처럼 여겨지고 어렵습니다. 이번 책을 쓸 때도 계속된 세법 개정, 바뀐 판례를 접하며 세법의 어려움을 다시금 느꼈습니다. 한국의 세법은 일본법과 독일법의 영향을 크게 받아서 용어 자체가 난해하고 또 정책적으로 세법이 자주 개정되기 때문에 그만큼 이해하기 어렵습니다.

아울러 세법에 관심을 갖고 잘 대처하는 분과 아닌 분 사이 세금 차이가 너무도 크다는 사실을 번번이 확인하고 있습니다. 자산을 취득·보유·처분하면서 발생하는 세금에 미리 대비하지 않았다가 기대한 수익률에 훨씬 못 미치는 결과를 얻은 분들을 많이 보았습니다.

세금은 절대 여러분의 편이 아닙니다. 세율, 공제금액 등 세부적인 부분이 계속 바뀌지만 세법의 기본 원칙은 절대 바뀌지 않음을 기억해 주시기 바랍니다.

그래서 저는 세금으로 어려움을 겪는 독자 여러분 편에 서서 최대한 쉬운 글을 쓰려 노력했습니다. 절세 전략을 짜는 데 직접적인 도움이 꼭 되었으면 좋겠습니다.

마지막으로 이 책을 집필하기 위해 밤을 새우며 지낼 때 묵묵히 기다려준 JH 그리고 HJ에게 감사의 마음을 전합니다.

— 이하나 세무사

"죽음과 세금은 피할 수 없다"라는 벤저민 프랭클린의 말처럼 소득이 있는 곳에는 늘 세금이 따라다닙니다. 누구나 피할 수 없다면 어떤 방법을 동원해서든 줄일 방법을 찾기 마련입니다. 세금을 내는 것은 국가가 정한 의무이지만, 법의 틀 안에서 절세를 하는 것은 국민의 권리입니다.

이 책을 집필하면서 하나하나의 물음을 던질 때마다 '과연 내가 이 상황이라면?'이라는 생각으로 답을 적어 나갔습니다. 그래야 납세자의 마음에 이입하고 더 적극적인 방법을 구할 수 있기 때문입니다. 부동산 세법은 지난날과 다르게 정치적, 경제적 이유 때문에 너무도 자주 바뀌고 있습니다. '납세자 분들 참 힘들겠구나' 생각이 드는 요즘입니다.

절세는 현시대에 필수불가결한 요소이며, 앞으로도 여러분께 중요한 이슈가 될 것입니다. 이 책에서는 부동산 세법에 관한 이론뿐 아니라 고액자산가들이 활용하는 비법까지 소개했습니다. 주제마다 다양한 사례를 담았고 세금을 부과하는 당국에서 어떻게 판단하는지, 납세자들이 어떻게 대비해야 하는지에 중점을 두었습니다.

이 책은 대한민국 누구나 갖고 있어야 할 '절세 바이블'이라고 말씀드릴 수 있습니다. 세무 상담을 가더라도 책을 먼저 접한 후 상담에 임해 보시길 권합니다.

마지막으로 책의 집필에 있어 수많은 격려와 협조를 해 준 가족들과 지인들에게 감사의 인사를 드립니다.

— 민광식 세무사

너무 자주 바뀌는 부동산 정책 때문에 전문 지식이 없는 일반인뿐만 아니라 세무 전문가들도 부동산 세법에 대해서 정확히 알기 어려운 상황입니다. 글을 쓰면서 '어떻게 하면 더 쉽게 전달할 수 있을까?' 그리고 '얼마나 많은 도움을 드릴 수 있을까?'에 대해 많은 고민을 했습니다.

고민 끝에 주택에 대한 여러 의사결정을 하면서 누구나 갖는 질문을 모으고 각 파트별로 나누었습니다. 다주택자뿐만 아니라 1주택자, 무주택자들도 주택을 구매하는 시점부터 절세에 도움이 될 수 있도록 하였습니다.

이 책이 부동산 관련 세금을 줄일 수 있는 지침서가 되길 바라며 독자 각자의 사례에 잘 적용하시길, 또 의사결정 전에 반드시 전문가와 상담을 하시길 바랍니다. 부동산 대책이 언제 다시 바뀔지 모르는 만큼 항상 최신 개정된 법을 확인하고 이 책의 내용을 적용하길 함께 부탁드립니다.

책 출간에 많은 도움과 가르침을 주신 이정윤 세무사님께 감사를 드립니다.

— 차하나 세무사

책을 집필하며 매번 고민이 됐던 것은 '어떻게 하면 좀 더 독자들에게 도움이 되는 내용을 담을 수 있을까?'였습니다. 이 내용을 넣는다면 너무 어렵지는 않을까, 안 넣으면 부족하진 않을까 고민하며 머리를 싸맸던 날이 많았습니다. 이 책의 독자층은 세금 전문가가 아니라 주택세금에 관심이 있는 일반 대중이기에 평소 많은 분들이 궁금해하신 질문들 위주로 주제를 구성했습니다. 그리고 세금을 이해하는 기초를 단단히 잡을 수 있도록 예시를 들고 표를 작성했습니다.

절세를 위해서는 계획을 세우는 것이 굉장히 중요합니다. 전문가와의 상담이 제일 좋지만, 어느 정도 기본지식을 가지고 전문가에게 상담을 받으면 좀 더 구체적인 계획을 세우는 데 도움이 될 것입니다.

상담을 하다 보면 안타까울 때가 많습니다. 다주택자는 똑같은 주택을 양도하더라도 주택 양도의 순서에 따라 세액이 크게 달라집니다. 상속세도 부모님이 상속할 수 있는 자산이 있다면 상속받을 자산, 사전 증여받을 자산을 생각해보고 절세할 수 있는 방향으로 계획을 세워야 합니다. 절세 계획만 잘 세워도 그 차액은 웬만한 투자수익 부럽지 않습니다. 이 책의 절세전략을 통해서 수익을 꼭 챙기시기 바랍니다.

이 책이 세상에 나오기까지 많은 분들의 수고가 있었습니다. 특히 바쁜 스케줄 중에도 공동집필자들 모두를 챙기시고 책을 기획하신 이정윤 세무사님께 감사 말씀을 드립니다.

또 옆에서 항상 응원해주는 가족들, 특히 지지를 아끼지 않고 힘들 때마다 버팀목이 되어주는 웃음 전도사인 남편에게 감사 인사를 전합니다.

목차

3장 다주택자가 반드시 알아야 하는 절세 비법

8장 　주택임대사업자를 위한 현미경 절세 방법

9장 법인을 활용하는 부동산 절세 스킬

1장

주택 절세 전략, 기본부터 알고 시작하자!

01 세금은 어떤 기준으로 부과되나요?

국가가 아무런 원칙도 없이 세금을 부과할 수는 없다. 그래서 현대의 모든 국가에는 '국세부과의 원칙'이 있다. '국세부과의 원칙'이란 국민에게 세금을 부과하는 과정에 있어 지켜야 할 원칙들을 말한다. 국세청은 정부 기관이고 법에 따라 세금을 징수해야 한다. 구체적으로는 국세기본법 제14조(실질과세), 제15조(신의 성실), 제16조(근거과세), 제17조(조세감면의 사후관리)에서 이 '국세부과의 원칙'을 설명하고 있다.

○ 실질과세의 원칙

이것은 모든 세금에 적용되는 가장 중요하고 기본적인 원칙이다. 실질과세의 원칙이란 주식 혹은 부동산 거래로 이익을 보거나, 주식의 배당을 받거나, 근로의 대가로 급여를 받는 등, 세금 부과 대상이 되는 행위를 한 실질 당사자에게 실질 내용대로 세금을 부과한다는 원칙이다. 이 원칙이 있기 때문에 명의를 빌려서 부동산 거래를 하더라도 법적으로 세금을 피할 수는 없다. 왜냐하면 부동산을 매매해서 실질적으로 이익을 본 사람에게 세금이 부과되기 때문이다.

예를 들어, 부동산 투기꾼이 있다고 가정해보자. 그는 돈에 눈이 멀어 부동산 투기를 해야겠다고 결심한다. 하지만 이미 주택을 여러 채 보유하고 있어, 새로운 주택을 매매할 때 내야 하는 세금에 속이 쓰리다. 그래서 주변 사람들에게 명의만 빌려주면 투기 수익을 나눠주겠다고 유혹하고, 명의를 빌려 부동산 투기 매매를 한다.

이러한 상황에서도 이 부동산 투기꾼은 세금을 회피할 수 없다. 왜냐하면 타인 명의만 빌렸고 부동산 매매를 실질적으로 진행하며 수익을 봤기 때문에, 실질과세의 원칙에 따라 조사를 통해 세금이 부과되면 납부해야 한다.

○ 신의성실의 원칙

세무행정에 따른 피해를 보지 않으려면 반드시 알아야 할 원칙이다.

예를 들면 다음과 같다. A씨는 보유한 주식을 친구에게 양도할 때 양도세가 납부되는지 국세청에 정식으로 민원신청을 했다. 2주일 뒤 국세청에서는 양도세를 낼 필요가 없다고 답변했다. 그래서 A씨는 친구에게 주식을 양도했다. 그런데 얼마 후 국세청에서 잘못 안내했으니 양도세를 납부하라는 연락이 왔다.

만약 위와 같은 상황이 계속된다면 납세자는 국세청을 신뢰할 수 없게 된다. 결국 국세청 담당자의 안내가 잘못되었음이 인정될 경우 국세청은 과세를 취소해야 한다. 즉, 신뢰와 형평을 저버리고 행정력을 발휘해서는 안 된다는 것이 신의성실의 원칙이다. 세금과 직접 관련된 원칙이라기보다는 국민이 정부 기관을 믿고 생업에 종사할 수 있도록 존재하는 기본 원칙이다.

○ 근거과세의 원칙

근거과세의 원칙은 세금을 부과하려면 근거가 있어야 한다는 직관적 원칙이다. 보통 친구들과 언쟁이 붙을 때 "근거를 대 봐!"라고 하는 원리와 비슷하다. 구체적으로 납세자가 세법에 따라 회계 장부 등을 관리하고 있을 때 국세청의 조사와 결정은 장부를 근거로 해야 한다는 원칙이다. 만약 장부에 사실과 다르거나 빠진 부분이 있을 때는 그 부분에 한해서만 국세청은 결정을 내릴 수 있다. 그리고 국세청은 조사한 사실과 결정의 근거를 결정서에 적어서 보관해야 한다. 이에 따라 만약 납세자가 결정서를 요구하면 근거를 받아 볼 수 있다.

○ 조세감면 사후관리

　　조세감면 사후관리란 정부가 납세자의 세금을 감면시키는 대신 일정한 정책을 따라주길 요구할 수 있다는 원칙이다. 그리고 만약 납세자가 지키기로 한 정책을 위반했을 때 세금 감면을 취소하고 징수할 수 있다는 원칙이기도 하다. 보통 부동산가격안정 정책의 일환으로 세법이 개정되었을 때 세금을 줄이는 혜택을 받고서 정책을 위반한 것이 발견되면 당사자가 받은 세금 혜택을 환수해야 하는 근거가 된다.

◎ 실질과세원칙 판례 사례

[직전소송사건번호] 서울고등법원-2015-누-34504 (2015.09.03)
[전심사건번호]
[제 목]
납세의무자가 실질과세 원칙을 주장할 경우 조세회피 목적을 요건으로 하는지 실질과세 원칙을 심리하지 않음

[요 지]
자산수증이익의 귀속자가 원고가 아니며, 배후의 실질 귀속자에게 과세되어야 한다는 납세의무자의 주장은 실질과세 원칙에 부합하며, 조세회피 목적 여부에 관한 심리를 할 필요는 없음

[판결내용]
판결 내용은 붙임과 같습니다.

[관련법령] 국세기본법 제14조

02 납세의무는 언제부터 시작되나요?

일반적으로 '국민의 4대 의무'라 하면 국방, 근로, 교육, 납세의 의무를 말한다. 그래서 세금 내기를 아까워하는 분들도 대한민국에서 살아가기 위해서는 납세의 의무를 지켜야 한다.

아울러 국방의 의무를 완수하기 위해서는 입대 가능일을 반드시 알아야 하는 것처럼, 납세의 의무를 다하려면 그런 의무가 언제 성립하고 언제 확정되는지 반드시 알아야 한다.

각 세금의 종류에 따라 그 규정이 각기 다른데 부동산 관련 주요 세금의 예를 들면 다음과 같다.

취득세의 경우 취득과 함께 납세의무가 즉시 성립된다. 취득세는 고지서가 날아와서 내는 세금이 아니라, 신고 납부해야 하는 세목이며 신고할 때 세금을 얼마나 낼지 확정된다.

등록면허세는 등기할 때 내야 하는 세금이기 때문에 등기나 등록 시 납세의무가 성립된다. 취득세와 마찬가지로 신고 납부해야 하는 세목이니 신고할 때 세금을 얼마나 낼지 확정된다.

재산세는 매년 6월 1일 부동산을 보유하고 있다면 납세의무가 성립된다. 과세관청이 부과액을 계산·결정해서 고지서로 보내는 고지(보통)징수이므로 결정 시에 얼마나 낼지가 확정된다.

종합부동산세도 매년 6월 1일 부동산을 보유하고 있다면 납세의무가 성립된다. 원칙은 재산세와 마찬가지로 고지(보통)징수다. 하지만 종합부동산세는 신고 방식으로 선택할 수도 있으며 이 경우 신고 시에 얼마나 낼지가 확정된다.

양도소득세는 종합소득세와 마찬가지로 1월 1일부터 12월 31일까지의 소득을 다음해 5월에 확정신고한다. 이때에는 과세기간 종료일인 12월 31일 납세의무가 성립된다. 확정신고가 아닌 예정신고라면 양도일의 말일로부터 2개월 내 하는 신고이기 때문에 양도일의 말일에 납세의무가 성립된다. 양도세도 신고 납부 방식이므로 신고 시 납세의무가 확정된다.

납세의무의 시작이 있으면 끝이라고 할 수 있는 만료나 소멸이 존재한다. 납세의 의무는 기본적으로 세금을 납부하거나 충당하고, 과세하는 관청에서 납세 부과를 취소할 때 소멸한다.

소멸의 종류 중 결손처분을 주의해야 하는데, 결손처분이란 일정한 사유(납세자의 행방불명 등) 발생으로 부과한 조세를 징수할 수 없어 일단 포기하는 것이다. 나중에 납세가 가능해지는 경우 다시 징수할 수 있다.

마지막으로 부과한 세금의 제척기간이 만료되어도 납세의무가 소멸한다.

기본적으로 사기·부정한 행위 : 10년(상속·증여세 15년)

무신고 : 7년(상속·증여세 15년)

일반 : 5년(상속·증여세 10년)

납세 징수 소멸시효로 인한 소멸시효가 완성되어도 납세의무가 소멸될 수도 있다. 소멸시효는 5년이다.

정리하자면 성립·확정된 납세의무는 납부·충당 등의 원인으로 소멸한다. 납세의무 소멸 사유 (「국세기본법」 제26조, 「지방세기본법」 제37조)는 아래와 같다.

○ 납부

납세의무자(연대납세의무자·제2차 납세의무자·납세보증인 등 포함)가 국가나 지방자치단체에 세금을 납부해 소멸한다.

○ 충당

납세의무자가 환급받을 세액을 납세의무자가 납부할 다른 세액과 상계함으로써 소멸한다.

○ 부과의 취소

유효하게 성립된 세금 부과 처분에 대해 그 성립에 하자가 있음을 사유로 당초 부과 시점으로 소급해 그 처분의 효력을 상실시킴으로써 소멸한다.

○ 제척기간의 만료

제척기간이란 법률관계의 안정성을 위해 법에서 정하는 권리의 존속기간, 즉 일정한 권리에 대해 그 권리를 행사할 수 있는 법정 기간이므로 제척기간이 지나면 당해 권리가 소멸한다.

○ 징수권 소멸시효 완성

국가나 지자체가 징수권을 일정 기간 행사하지 않는 경우 그 징수권은 소멸한다.

03 양도소득세는 어떤 대상에 부과되나요?

양도소득세란 주식과 파생상품, 부동산(토지·건물 등)이나 부동산에 관한 권리(분양권 등)를 개인이 양도해 발생하는 이익(소득)에 부과하는 세금이다. 과세 대상 취득일부터 양도일까지 보유한 기간 동안 발생한 이익(소득)에 대해 일시 과세하고, 따라서 양도 소득이 없거나 오히려 손해를 본 경우에는 절대 과세되지 않는다.

대한민국은 조세법률주의를 따르고 있다. 세금을 내는 대상이라고 세법에 열거되어 있는 물건의 양도차익에만 세금을 부과한다는 의미다. 이를테면 중고차를 팔거나 중고 카페에 물건을 팔아서 이익이 생겼더라도 양도소득세를 낼 필요 없다. 이 품목들은 세법상 양도소득세 과세 대상이 아니기 때문이다.

양도세 과세 대상은 아래 표에 정리된 내용과 같다.

부동산	토지, 건물(무허가, 미등기 건물도 과세 대상 포함)
부동산에 관한 권리	부동산을 취득할 수 있는 권리, 지상권, 전세권, 등기된 부동산임차권
주식등	대주주가 양도하거나 소액주주가 증권시장 밖에서 양도하는 상장주식등 및 비상장주식등 ＊주식등 : 주식 또는 출자지분, 신주인수권, 증권예탁증권
기타자산	사업용 고정자산과 함께 양도하는 영업권, 특정 시설물 이용권·회원권, 특정주식, 부동산과다보유법인 주식등, 부동산과 함께 양도하는 이축권
파생상품	국내·외 주가지수를 기초자산으로 하는 파생상품 차액결제거래 파생상품(CFD) 주식워런트증권(ELW) 국외 장내 파생상품 경제적 실질이 주가지수를 기초자산으로 하는 장내파생상품과 동일한 장외파생상품

표의 내용 중 특기할 점은 사업용 고정자산과 함께 양도하는 영업권도 양도소득세 과세대상이라는 점이다. 예를 들어 내 상가에서 내가 장사를 하다가 팔면, 건물 값에 영업권의 가치도 포함되어 있으므로 이런 경우 영업권도 양도소득 과세 대상인 것이다.

하지만 점포를 빌린 임차인이 영업권(권리금)만을 받는 경우의 권리금은 양도소득이 아닌 기타소득이다.

가령 몇 년 전부터 건물을 임대해 음식점을 운영하는 '김 사장'이 있다. A법인은 이 음식점의 영업이 잘 되는 것을 알고는 권리금 1억 원을 주고 인수하기로 했다. 이 권리금은 영업권으로서 재화의 양도에 해당한다,

그러나 법에 명시된 것만 과세 대상임을 기억하자. 따라서 임차인 '김 사장'이 받은 대가는 양도소득이 아니라 기타소득이다. 기타소득을 지급하는 A법인은 필요경비를 공제한 뒤 22%의 세율로 원천징수를 하고 이를 기타소득 지급일 다음달 10일까지 신고 납부하면 되는 것이다. 한편 '김 사장'이 영업권을 양도하고 받은 금액은 다른 종합소득과 합산해서 다음해 5월 말일까지 신고해야 한다. (종합소득세 신고)

그 외 골프장, 콘도, 헬스장 등의 각종 시설물 회원권, 지상권(타인의 토지에 자기 건물을 짓거나 나무를 심을 수 있는 권리)도 양도소득세 과세 대상이다. 골프 회원권을 1억 원에 샀다가 1억 5천만 원에 팔았다면 양도차익 5천만 원이 양도소득세 과세 대상인 것이다.

04 어떤 경우에는 양도로 보지 않나요?

　재산을 양도하고 그 과정에서 돈을 벌었으면 당연히 납세의무가 발생한다. 그런데 양도 같지만 양도로 간주하지 않는 것이 있다. 대한민국은 열거주의를 따르므로 잘 알아 두어야 절세를 할 수 있다.

○ 환지처분, 보류지 충당

　"도시개발법" 그 밖의 법률에 따른 환지처분으로 지목 또는 지번이 변경되거나, 보류지(공공 용지 또는 체비지로 사용하기로 한 토지)로 충당되는 경우에는 양도로 보지 않는다. 단, 환지청산금을 현금으로 받는 경우 토지 유상이전이므로 양도소득세 과세를 한다.

○ 양도담보

채무자가 채무의 변제를 담보하기 위해 자산을 양도하는 계약을 아래 요건으로 체결한 경우 이를 양도로 보지 않는다. (계약서 사본을 과세표준 확정신고서에 첨부, 신고했을 때 한함.)

1) 당사자 간에 채무의 변제를 담보하기 위해 양도한다는 의사표시가 있을 것

2) 당해 자산을 채무자가 원래대로 사용, 수익한다는 의사표시가 있을 것

3) 원금, 이자율, 변제기한, 변제방법 등에 관한 약정이 있을 것

○ 공유물의 분할

공유소유의 토지를 소유지분별로 단순 분할하거나, 공유자의 지분변경 없이 2개 이상의 공유토지로 분할했다가 그 공유토지를 소유지분별로 단순 재분할하는 경우 양도로 보지 않는다. 단, 공유지분이 변경되는 경우에는 변경되는 부분은 양도로 본다.

○ 소유권의 환원

1) 법원 확정판결, 신탁해지에 따른 소유권이전등기는 양도로 보지 않는다.

2) 매매 원인무효의 소에 의해 그 매매 사실이 환원되는 경우 양도로 보지 않는다.

3) 신탁 해지로 원소유자에게 소유권이 환원되는 경우 양도로

보지 않는다.

4) 실체적 권리를 회복하는 등기의 환원인 경우, 양도로 보지 않는다.

○ 기타 개별 사례

1) 명의신탁은 등기원인이 매매, 교환 등으로 되어 있어도 유상으로 이전된 것이 아니므로 양도가 아니다.

2) 이혼 시 재산분할청구권에 의한 소유권 이전도 유상양도로 볼 수 없다.

3) 토지거래허가구역 내의 허가를 받지 아니하고 체결한 토지거래계약도 토지거래허가를 받기 전까지는 양도로 볼 수 없다.

4) 배우자 또는 직계존비속에게 재산을 양도하는 경우, 양도가 아닌 증여로 추정한다.

5) 합자회사에서 토지를 현물 출자했다가 퇴사하면서 그대로 찾아 나온 경우, 양도로 보지 않는다.

6) 채권 담보 목적으로 소유권이전등기를 하였다가 담보 사유 소멸로 환원한 경우, 양도로 보지 않는다.

양도로 보는 경우	양도는 자산의 소유권 이전을 위한 등기 등록에 관계 없이 자산이 유상(대가성)으로 사실상 소유권 이전 되는 경우를 말한다. 부담부증여(증여자 부동산에 설정된 채무 부담과 함께 이뤄지는 증여)로 수증자가 인수하는 채무상당액은 그 자산이 사실상 유상양도되는 것이기 때문에 양도에 해당한다.
양도로 보지 않는 경우	신탁해지를 원인으로 소유권 원상회복 되는 경우, 공동소유 토지를 소유자별로 단순 분할 등기하는 경우, 도시개발법에 의한 환지처분으로 지목 또는 지번이 변경되는 경우 등을 말한다. 또한, 배우자 또는 직계 존비속 간 매매로 양도한 경우에는 증여로 추정되어 양도소득세가 아닌 증여세가 부과된다.

05 양도소득세는 어떻게 계산하나요?

　우리나라의 세법은 개정이 잦아 매년 따라잡기 쉽지 않다, 특히 부동산 관련 세금인 양도소득세는 그 어려움이 가장 크다. 정치적 이유로 한 해 동안에도 여러 차례 부동산대책이 발표되는 데 따르는 어려움이다.

　양도소득세는 원칙적으로 파는 시점의 세법을 적용해 부과한다. 다만 예외적으로 취득 시점의 법이 적용되는 케이스도 있어 주의를 기울여야 한다 예를 들어, 현재 조정대상지역에서 취득한 주택에 대하여 1세대 1주택 양도세 비과세 요건에 2년 거주요건이 추가될 경우, 양도 당시엔 조정 대상에서 해제되었다 하더라도 취득 시점에 조정대상지역이었다면 2년 거주요건을 채워야 한다.

세법이 복잡하다 보니 집을 거래할 때 반드시 전문가와 세무상담을 해야 하겠지만, 기본적 사항은 본인이 잘 알고 있어야 한다. 양도소득세는 특히 노후준비와 밀접하게 관련되어 있기 때문에, 양도세의 기본적인 계산구조는 알고 있는 것이 좋다. 노후 현금 흐름 개선을 위해 집을 팔아야 하는 경우뿐만 아니라, 자녀에게 대출 혹은 전세를 끼고 부담부증여를 하는 경우도 양도세를 고려해야 하기 때문이다.

1step : 양도차익 = 양도가액 - 필요경비(취득가액 등)
2step : 양도소득금액 = 양도차익 - 장기보유특별공제
3step : 양도소득과세표준 = 양도소득금액 - 양도소득기본공제
4step : 양도소득산출세액 = 양도소득과세표준 × 양도소득세율
5step : 양도소득결정세액 = 양도소득산출세액 - 감면세액

주택을 실제 파는 가격이 양도가액인데, 여기서 취득가액과 필요경비를 뺀 것이 양도차익이다. 취득가액 말고도 취득세, 등기비용, 중개수수료, 인테리어비용 등이 필요경비로 인정된다.

이렇게 계산된 양도차익에서 장기보유특별공제를 빼면 양도소득금액이 나온다. 장기보유특별공제는 주택보유 기간에 따라 양도차익의 일정 비율을 빼주기 위해 만든 항목이다. 주택도 물가상승률을 반영하는 재화에 속하기 때문이다. 여기에서 양도소득

기본공제를 빼면 양도소득과세표준이 나온다. 양도소득기본공제는 과세연도당 250만 원(인당)을 공제해 주는 것이다. 부부 공동명의로 된 집을 처분했다면 각자의 지분에 대해 250만 원씩 공제해 준다.

양도소득기본공제까지 뺀 것이 과세표준인데 소득세를 계산할 때 세율을 곱하는 금액이 바로 과세표준이다. 양도세 세율은 보유 기간에 따라 다르며 원칙적으로는 기본세율(6%~42%)이 적용된다.

이렇게 계산된 양도소득산출세액에 각종 감면세액을 빼면 양도소득결정세액이 산출된다.

■ 양도, 서면인터넷방문상담4팀-4149 , 2006.12.22

[제목]
양도소득의 필요경비 해당 여부

[요지]
실지거래가액으로 양도차익을 산정함에 있어 자본적지출액과 양도자산의 용도변경·개량 또는 이용편의를 위해 지출한 비용으로서 증빙서류 등에 의해 실제로 지출된 사실이 확인되는 경우 당해 비용은 양도자산의 필요경비로 공제됨

[회신]
실지거래가액으로 양도차익을 산정함에 있어 「소득세법」 제97조 및 같은법 시행령 제163조 제3항에서 규정하는 자본적 지출액과 양도자산

의 용도변경·개량 또는 이용편의를 위해 지출한 비용으로서 증빙서류 등에 의해 실제로 지출된 사실이 확인되는 경우 당해 비용은 양도자산의 필요경비로 공제되는 것이나, 귀 질의의 경우가 이에 해당하는지 여부는 사실관계를 종합해 판단할 사항입니다.

◇ 필요경비에 해당하지 아니하는 수익적 지출 : 정상적인 수선 또는 경미한 개량으로 자산의 가치를 상승시킨다기보다는 본래의 기능을 유지하기 위한 비용
  ① 벽지, 장판 교체비용
  ② 싱크대, 주방기구 교체비용
  ③ 외벽 도색작업
  ④ 문짝이나 조명 교체비용
  ⑤ 보일러 수리비용
  ⑥ 옥상 방수공사비
  ⑦ 하수도관 교체비
  ⑧ 오수정화조설비 교체비
  ⑨ 타일 및 변기공사비
  ⑩ 파손된 유리 또는 기와의 대체
  ⑪ 재해를 입은 자산의 외장복구 및 도장, 유리의 삽입
  ⑫ 화장실공사비, 마루공사비

06 과세표준이 무엇인가요?

부동산을 사다 보면 '세 번' 놀란다. 높은 집값에 한 번, 생각보다 많은 세금에 한 번, 세법의 어려운 용어에 또 한 번 놀란다. 법률용어는 왜 이렇게 어려울까? 과세표준만 봐도 그렇다.

부동산을 사거나 팔 때에는 크게 세 가지 세금을 내게 된다. 매입하면서 내는 '취득세', 살면서 보유하고 있는 기간 중에 내는 '재산세'와 '종합부동산세', 그리고 팔 때 생기는 이익에 대해 내는 '양도소득세'이다. 이 모든 세금 부과 시 가격 기준이 바로 과세표준이다. 당연히 세금 종류에 따라 가격 기준은 다르다.

취득세는 자산을 취득하면 내야 하는 세금이다. 부동산뿐만 아니라 토지, 차량, 항공기, 회원권 등을 구입할 때도 내야 한다. 세금은 크게 국세와 지방세로 나뉘는데, 취득세와 재산세는 지방세에 속한다. 구청에 가서 내야 하는 세금이다.

　취득세의 과세표준은 취득 당시의 실제가액으로 한다. 다만 신고를 하지 않거나, 신고가액을 기재하지 않은 경우 또는 신고가액이 시가표준액보다 적을 때에는 시가표준액으로 한다. 개인이 유상거래로 주택을 취득하는 경우 [부동산 거래신고 등에 관한 법률] 제3조에 따른 신고서를 제출해 검증을 받아야 하며(같은 법 제 5조) 검증이 이뤄진 액수가 과세표준이다.

　그리고 검증이 이루어진 취득 통보 자료 또는 [부동산 거래신고 등에 관한 법률]에 따른 조사 결과 확인된 금액보다 적다면 그 확인된 금액을 과세표준으로 한다. 개인이 법인으로부터 취득한 경우(분양 취득 등)에는 그 사실상 취득가액이 과세표준이 된다. 이 경우 프리미엄 또는 마이너스 프리미엄을 반영한 가액이 과세표준이다.

　재산세는 보유하고 있는 동안 매년 내는 세금이다. 종합부동산세와 함께 보유세에 속하는데 차이점은 재산세는 지방세, 종부세는 국세라는 점이다.

　재산세는 6월 1일 토지, 주택 등을 보유하고 있느냐가 기준이다. 그래서 5~6월 무렵 집을 사는 분이라면 이 재산세를 안 내려는 매도자와 매수자 사이의 줄다리기를 경험하게 된다.

재산세 과세표준을 이해하려면 공시가격을 알아야 한다. 실제 실거래가격에 부과되는 취득세·양도세와 달리 재산세는 아파트의 공시가격에 대해 매겨지기 때문이다. 공시가격이란 과세 편의를 위해 국가에서 정한 기준가격이다. 대략 실거래가격의 80% 정도였는데 실제를 반영해야 한다며 100%까지 올리는 방안이 추진되고 있다. 재산세의 과세표준은 공시가격에 공정시장가액비율을 곱해서 계산하므로 공시가격의 상승을 살펴봐야 한다.

양도소득세의 개념과 과세표준은 앞서 Q3, Q4, Q5에서 설명한 바와 같다.

참고로 국세인 양도소득세, 상속세, 증여세, 종합부동산세를 계산할 때는 기준시가가 활용된다. 지방세인 취득세, 재산세 등을 산정할 때는 시가표준액이 활용된다. 그리고 이 두 가지가 부동산 종류에 따라 다르게 적용된다.

예를 들어, 아파트의 재산세나 종합부동산세 과세표준은 공동주택 공시가격을 확인해야 하고, 토지를 상속 혹은 증여받는데 취득세가 궁금하다면 공시지가를 조회해야 한다. 상가, 오피스텔은 건물기준시가를 조회한다.

07 비과세와 감면의 차이는 무엇인가요?

    비과세와 감면은 모두 세금을 줄여준다는 공통점이 있지만 정확히 구별해야 예기치 않은 납세를 피할 수 있다.

    비과세와 감면의 차이점은 사후관리 여부에서 비롯된다. 비과세는 국가가 과세권을 포기한다는 개념으로 세금이 발생하지 않는다. 따라서 신고할 필요가 없다. 예를 들어 국민 주거 안정과 자경농민 보호를 위해 1세대 1주택, 농지 교환 등에 비과세 혜택이 부여되고 있다.

    감면은 국가가 과세권을 포기하는 것이 아니고 세금의 일부 또는 전부를 줄여준다는 것이다. 조세특례제한법 등을 근거로 하며 납세자가 신고, 신청해야 그 혜택을 누릴 수 있다. 그리고 사후관리를 받을 수도 있다.

아울러 특정 조건을 위반하면 제약을 받을 수 있다. 예를 들어 거래당사자가 부동산 매매 계약서의 거래가액을 실지거래가액과 다르게 높거나 낮게 적은 경우, 해당 자산에 대한 비과세 또는 감면 혜택을 받을 수 없다.

또한, 자산을 취득하면서 양도소득세·취득세·등록세 등 세금을 회피하려고 취득에 대한 등기를 하지 않고 양도하는 경우, 양도소득세 비과세·감면에서 배제됨을 유의해야 한다.

허위계약서 작성 시 양도세 비과세·감면 제한의 주요 사례

1) 1세대 1주택 비과세 대상자지만 주택 취득 또는 양도 시 매매 계약서의 거래가액을 실지거래가액과 다르게 높거나 낮게 적은 경우

2) 8년 자경 감면 대상자 또는 대토 감면 대상자지만 해당 농지 취득 또는 양도 시 매매 계약서의 거래가액을 실지거래가액과 다르게 높거나 낮게 적은 경우

3) 매매 계약서의 거래가액을 실지거래가액과 다르게 높거나 낮게 적은 토지, 건물이 협의매수 또는 수용되는 경우

4) 양도소득세가 감면되는 미분양주택 등의 양도 시 매매 계약서의 거래가액을 실지거래가액과 높거나 낮게 다르게 적은 경우

08 예정신고와 확정신고의 차이는 무엇인가요?

세금신고를 할 때 예정신고와 확정신고라는 용어를 자주 들을 수 있다. 부동산을 처분하고 세무서에 내야 하는 양도소득세를 예정신고해야 하고, 또 확정신고도 해야 한다고 한다.

두 번이나 신고해야 한다니 세금을 두 번 내야 하는 건지, 아니면 꼭 두 번을 신고해야 하는지 잘 모르면 의문스럽고 어렵기만 할 것이다.

예정신고는 양도소득세를 내는 과정 가운데, 양도일이 속한 달의 말일부터 2개월 내 신고하는 것이다.

그리고 예정신고 횟수가 연 2회 이상이라면, 소득세 과세기간 및 법정신고기한과 동일하게 매년 1월 1일부터 12월 31일까지의 모든 양도소득을 합산해 다음해 5월 31일까지 신고해야 하며 이를 확정신고라 한다.

마지막 양도에 대한 예정신고를 할 때 그 이전 양도분까지 합산해 전체 양도차익에 대해 예정신고를 하는 경우, 이듬해에 확정신고를 할 때와 세금 총액의 차이가 발생하지 않기에 추후 따로 확정신고를 할 필요가 없다.

예정신고를 하지 않을 경우 납부세액의 일정 비율을 무신고 가산세로 부과하며, 납부하지 않은 납부세액에 대한 납부 불성실 가산세를 납부 지연일당 일정 비율로 계산해 부과한다. 예정신고 납부는 모두 마쳤으나 합산 확정신고를 하지 않았다면 증가한 양도차익에 대해서만 확정 무신고 가산세를 부과한다.

만약 양도소득세 예정신고 또는 확정신고 기한이 지나버렸다면 어떻게 해야 할까? 하루라도 빨리 기한후 신고를 하는 것이 좋다. 기한이 끝난 지 1개월 이내에 신고를 하면 무신고 가산세 50%, 6개월 이내에는 20%를 감면받을 수 있기에 신고를 하기만 해도 상당히 많은 감면을 받는다. 사실은 세액계산이 틀리더라도 신고서를 제출하기만 하면 무신고 가산세만큼은 피할 수 있는 것이다. (과소 신고 가산세는 내야 하지만 액수가 무신고 가산세보다 훨씬 작다.)

한눈에 보는 예정신고와 확정신고

토지 또는 건물, 부동산에 관한 권리, 기타자산, 신탁 수익권	예정	양도일이 속하는 달의 말일부터 2개월
	확정 (2건 이상 발생 시)	양도일이 속하는 연도의 다음연도 5.1 ~ 5.31일까지
토지거래계약 허가구역 안에 있는 토지를 양도함에 있어 토지거래 계약허가를 받기 전 대금을 청산 한 경우	예정	그 허가일이 속하는 달의 말일부터 2개월
	확정 (2건 이상 발생 시)	그 허가일이 속하는 연도의 다음연도 5.1 ~ 5.31일까지
주식 또는 출자지분 (신주인수권 포함)	예정	양도일이 속하는 반기의 말일부터 2개월 (국외주식, 파생상품은 예정신고 면제)
	확정	양도일이 속하는 연도의 다음연도 5.1 ~ 5.31일까지 (국외주식, 파생상품 포함)

09 가산세와 가산금의 차이는 무엇인가요?

납세자가 세금을 제때 못 내거나 내지 않고 버티면 어떻게 될까? 혹 떼려다 혹 붙인다는 말처럼 납세를 피하려다가 오히려 가산세나 가산금까지 부담해야 할 수 있다.

가산세와 가산금은 우선 세금은 아니다. 조세는 국가나 지자체가 행정에 필요한 경비를 마련하기 위해 부과하는 것인데, 가산세와 가산금은 경비가 필요해서 걷는 것이 아니라 처벌(행정벌)의 성격으로 부과하는 것이기 때문이다.

둘의 다른 점은 무엇일까? 가장 큰 차이점은 부과의 근거에서 찾을 수 있다. 가산세는 세금 중에서도 납세자들이 스스로 신고·

납부하는 세금에 부과한다. 반면 가산금은 과세관청이 납세자에게 고지한 세금에 부과한다.

무신고 가산세가 무신고 가산금이 아닌 이유도 마찬가지다. 소득세와 법인세, 부가가치세 등 대부분의 국세는 납세자가 스스로 신고·납부하기 때문이다.

그 외에 알아서 내야 하는 세금이 아니라 집으로 고지서가 '날아오는' 세금, 이를테면 재산세와 자동차세 등에 대해서는 가산금이라는 말을 쓴다.

예를 들어 지방세인 자동차세 10만 원을 납부기한(12월 말)까지 내지 못하면 1월에는 3천 원의 가산금이 붙어 10만 3천 원의 자동차세를 내야 하고 이후 다달이 천 2백 원씩이 추가되어 상당한 부담이 된다. 다만 가산금의 근거인 본세가 부과 취소되거나 정정되는 경우 가산금도 취소되거나 줄어들 수 있다.

부과 기한이 있느냐 없느냐도 둘의 차이점이다. 가산금은 부과 기간이 최대 5년(60개월)으로 정해져 있다. 그러나 가산세는 고의적인 의무 위반 등 부정행위가 개입된 경우 한도 없이 부과 가능하며 규모가 막대하게 불어날 수 있다.

예외적으로 천재지변, 화재, 질병 등 불가피한 사정이나 기타 기한을 넘길만한 정당한 사유가 인정되는 경우에는 가산세를 부과하지 않는다. 예를 들어 코로나 19로 인한 무납부 가산세가 발생하는 경우, 과연 천재지변 사유를 인정받을 수 있을지는 논란의 여지가 큰 부분이다.

양도소득세 관련 가산세 예시

신고불성실 가산세	일반과소신고 초과환급 신고	과소(초과)신고 납부(환급)세액 × 10%
	단순무신고	무신고 납부세액 × 20%
	부당무신고 부당과소신고	무(과소)신고 납부세액 × 40%
납부지연 가산세	미납·미달납부	미납·미달납부세액 * 미납기간 * 2.5/10,000('19.2.12. 전일까지는 3/10,000) (미납기간 : 납부기한 다음날 ~ 자진납부일 또는 고지일)
기장불성실 가산세	대주주 등의 주식 또는 출자지분 양도	1.일반적인 경우 : 산출세액 * 기장누락 소득금액/양도소득금액 * 10% 2.산출세액이 없는 경우: 거래금액 * 7/10,000
환산취득가액 가산세	건물신축(증축)취득 후 5년이내 양도	환산취득가액(건물분) × 5%

10 국세징수권이 무엇인가요?

국세징수권이란 이미 확정된 납세의무에 관해 국가가 납세고지, 독촉, 체납처분 등으로 납세 이행을 청구하고 강제할 수 있는 권리를 뜻한다. 이 권리로 인해 체납된 세금을 국가가 회수해갈 수 있지만, 소멸시효 내에만 가능하다는 단서가 붙는다.

예를 들어 A씨는 2018년 오피스텔을 구입했다. 그러나 코로나19에 따른 불경기로 임차인이 구해지지 않아 사업자 폐업신고를 하고 양도했다. 이 과정에서 경황이 없어 부가가치세, 소득세 등의 신고를 잊어버렸다.

A씨는 최근 경제적 안정을 되찾아 다시 임대사업자 등록을 하려고 한다. 하지만 막상 오피스텔을 구입하고 사업자등록을 하려

고 하니 '체납한 세금은 안 내도 되는 건가?' '앞으로 내 명의로 재산을 취득하면 세무서에서 압류해가는 건가?' 불안해졌다.

결론부터 이야기하자면 세금을 내야 할 가능성이 크다. 간혹 국세징수권 소멸시효가 세금 부과일로부터 5년(납부액 5억 원 이상은 10년)이니 5년(10년)만 버티면 되겠다고 오해하고 일부러 납세를 회피하는 분도 있지만 우리나라 세정이 그렇게 허술하지는 않다. 고지, 독촉, 교부청구, 압류 등 각각의 조치가 순서대로 진행되면 소멸시효를 각각의 진행일부터 다시 계산하기 때문이다.

징수유예기간·분할납부기간·연부연납기간·체납처분유예기간·사해행위 취소소송이나 채권자 대위소송이 있는 경우에는 그 기간만큼 소멸시효 진행이 일시 정지된다.

소멸시효 국세청 예규 사례

서면1팀-51, 2006.01.16

압류금지재산인 것이 외관상으로 명백한 것을 압류한 경우 그 압류는 무효로서 국세징수권의 소멸시효 중단의 효력이 인정되지 않는 것이지만, 압류의 대상이 된 임야 일부에 분묘가 설치된 경우로서 당해 임야 전체가 압류금지재산인 묘지에 해당하는지 여부가 외관상으로 명백하지 않은 때에는 당해 임야의 압류는 국세기본법 제28조에 의한 소멸시효 중단의 효력이 있는 것임.

2장

1주택자가
방심하지 말고
절세해야 하는 이유

11 부모와 따로 사는 자녀, 별도 세대가 될 수 있을까요?

서울에 거주하는 1주택자인 A씨의 가족은 배우자, 자녀 2명이다. 그 중 아직 미혼인 자녀 B는 24살 대학생이고 따로 1주택을 소유하고 있다.

A씨는 소유 중인 주택을 팔고 다른 집으로 이사하려고 한다. 그런데 자녀 B가 소유한 1주택이 마음에 걸린다. A씨는 이대로 양도를 했을 때 1세대 1주택 비과세를 받을 수 있을까?

주택을 양도할 때 가장 절세하기 좋은 방법은 1세대 1주택 비과세를 받는 것이라고 흔히들 말한다. 하지만 1주택자라고 무조건 비과세를 해주는 것이 아니고 다음의 일정 요건을 갖추어야 한다.

1) 1세대일 것

2) 양도일 현재 1주택을 보유하고 있을 것

3) 해당 주택 보유 기간이 2년 이상일 것. 단, 취득 당시 조정대
상지역에 있는 주택은 보유 기간 중 거주 기간이 2년 이상일
것 (2017년 8월 3일 이후 취득 분부터)

4) 주택의 부수토지로서 도시지역 중 주거, 상업, 공업지역은 3
배, 녹지지역은 5배, 도시지역 밖의 경우에는 10배 이내 토지
포함.

1세대는 무엇일까? 생각보다 1세대의 범위는 넓다. 1세대란 거
주자 및 배우자가 그들과 같은 주소 또는 거소에서 생계를 같이 하
는 자와 함께 구성하는 가족단위다. 배우자는 법률상 이혼을 했어
도 생계를 같이 하는 등 사실상 이혼한 것으로 보기 어려운 관계에
있는 사람을 포함한다. 그리고 나와 배우자, 자녀는 물론이고 나의
부모, 배우자의 부모, 나와 배우자의 형제자매, 자녀의 배우자, 손
자, 손녀까지 한 주소지에서 생계를 같이 하면 전부 1세대로 본다.

그래서 세법에서는 위에서 든 예의 자녀 B처럼 배우자 없는 단
독세대는 1세대로 보지 않는 것이 일반적이다. 단, 배우자가 없어
도 세대를 구성할 수 있는 예외 규정들이 있다.

1) 거주자의 연령이 만 30세 이상인 경우

2) 배우자가 사망하거나 이혼한 경우

3) 소득이 최저생계비* 이상으로서 독립적으로 생계를 유지하고 집이나 땅을 관리하는 능력이 인정되는 경우(미성년자 제외)

*최저생계비 이상이란 중위소득의 40% 이상을 가리킨다. 2022년도 1인가구 중위소득은 1,944,812원이고 그 금액의 40%는 월 777,924원이다.

그럼 수개월에 걸쳐 최저생계비 이상을 벌었다면 분리과세가 될까?

[소득세 집행기준89-154-6]에 따르면 '대학생이 군입대 전 수개월 동안 일하면서 소득을 올렸다고 해서 독립된 생계를 유지하였다고 볼 수는 없으므로 별도의 1세대를 구성하였다고 볼 수 없다'라고 말하고 있다. 그러니 중위소득의 40% 요건을 채웠더라도 주택을 관리, 유지하면서 독립된 생계를 유지할 수 있는지의 여부도 반드시 확인해야 한다.

즉, 위 사례의 자녀 B는 만 30세 미만이고, 독립적으로 생계를 유지할 정도의 고정수입도 없으니 별도 세대로 인정받을 수 없다. 따라서 A씨는 1세대 1주택으로 인정받으려면 자녀 B가 꾸준히 소득을 벌 수 있는 곳에 취업하거나, 만 30세가 넘길 기다려야 한다.

가끔 세대 분리 규정을 악용해 실제로는 부모·자녀가 같이 살면서 주민등록주소지만 다른 곳으로 옮겨 놓는 케이스도 있다. 운이 좋다면 비과세 혜택을 받을 수 있지만, 적발되면 가산세 40%와 납부지연가산세가 붙은 '세금 폭탄'을 맞을 수 있으니 주의해야 한다.

12 저는 1주택자인가요?

이제 1세대의 개념을 파악했으니 내가 가진 주택이 '진짜 주택'에 해당하는지 알아보자.

무엇이 '진짜 주택'일까? 세법에서는 '실제로 어떤 목적으로 사용하고 있는가?'를 중요시한다.

등기부등본, 건축물대장에는 주택이 아니라고 표시된 곳도 주거의 목적으로 사용하면 주택이다. 또한 무허가 건물, 오랫동안 사용하지 않거나 거주하기 힘든 폐가와 공가 등의 경우, 1세대 1주택 비과세 판단을 잘못해 낭패를 보는 경우가 많다. 실수하기 쉬운 주택 유형들을 한번 살펴보자.

첫 번째는 무허가주택이다. 등기부등본에 없으니 양도소득세나 기타 부동산세금을 모두 피해갈 수 있다고 오해하는 사람들도 있다. 그러나 세법은 무허가주택이라도 사실상 주택으로 사용하거나 그러한 목적으로 건축되었다면 주택으로 본다. 아울러 미등기주택을 양도하면 미등기자산으로 분류되어 70%의 양도소득세율이 부과될 수 있으니 조심해야 한다.

두 번째는 폐가와 공가다. 장기간 방치된 건물이 공부상 주택으로 기재된 경우에는 주택이라고 본다. 그러나 이러한 건물도 건축법상 건축물로 볼 수 없을 정도의 폐가 상태라면 주택으로 보지 않는다. 구체적으로 지붕, 벽, 기둥, 문 등이 있고 비바람을 막는다면 내부에 아무 것도 없어도 주택으로 본다. 폐가로 인정받으려면 수도, 전기, 가스 등 사용 내역까지 납세자가 입증해야 하므로 쉽지 않다. 차라리 주택인가 아닌가가 애매하다면 주택을 없애 버리는 것이 나을 수 있다.

세 번째는 공동으로 소유한 주택이다. 이런 곳은 개개인이 각각 주택을 보유한 것으로 본다. 작은 지분이라도 가지고 있다면 내가 주택을 가진 것이 되기 때문에 1세대 1주택 비과세 판단 시 유의해야 한다. 다만, 상속으로 주택을 공동소유하는 경우 상속지분이 가장 큰 상속인이 해당 주택의 소유주다.

13 이런 경우 주택수 계산에 포함 되나요?

오피스텔은 주택일까, 아닐까? 예시와 함께 알아보자.

조정대상지역에 1주택, 2개의 오피스텔을 소유하고 있는 A씨는 거주 중인 주택을 양도하려고 한다. 2개의 오피스텔 중 하나는 세입자가 주거 목적으로 거주하고 있고, 다른 하나는 회사에 임대를 줘서 임대수익에 대한 세금계산서를 발행하고 있다. A씨는 1세대 1주택 양도소득세 비과세를 적용받을 수 있을까?

건축법상 오피스텔은 주거용 주택이 아닌 업무용 시설이다. 그러나 세법에서는 실제로 세입자가 주거의 목적으로 사용 중이라면 주택이 아닌 곳도 주택으로 간주한다. 본인이 거주하고 있는 주택, 임차인이 들어와 사는 오피스텔을 보유한 A씨는 2주택자인 것이다.

다가구주택, 다세대주택은 주택 수 계산이 어떻게 이뤄질까?

다가구주택은 주택으로 사용하는 층(지하층 제외)이 3개 이하이고, 1개의 동으로 쓰이는 바닥면적의 합계가 660제곱미터 이하이며, 19세대 이하가 거주할 수 있는 주택이다. 다가구주택은 건축법상으로는 단독주택, 세법상으로는 공동주택이다. 단, 다가구주택을 가구 단위로 팔지 않고 통째로 양도하는 경우 세법에서도 단독주택으로 보아 다가구주택 한 채만 소유하고 있다면 1세대 1주택 비과세를 받을 수 있다. 그러나 옥탑방 건축 등으로 다가구주택 요건에서 벗어나면 개별 호 모두가 주택인 다세대주택으로 분류될 수 있다.

다세대주택은 빌라를 생각하면 이해하기 쉽다. 여러 가구가 살 수 있는 건축물로 각 호수별 구분등기가 되어 있는 주택이다. 구분등기가 되어 있으므로 다세대주택 소유주가 한 사람이라면 소유주는 다주택자가 된다.

상가주택은 주택일까? 상가일까?

상가주택은 말 그대로 상가와 주택이 같이 있는 건물이다. 세법에서는 겸용주택이라고도 하며 비과세 특례규정 적용 대상이다. 주택의 면적이 주택 외 면적보다 크다면 전부 주택으로 보고, 주택의 면적이 주택 외 면적보다 작거나 같다면 주택 부분만 주택으로 인정된다. 그래서 상가주택 절세를 하려면 주택면적이 더 커야 1세대 1주택 비과세 적용을 받을 수 있음을 기억하면 된다. 아울러 2022년도 이후 양도분부터는 주택의 면적이 커도 주택 부분만 주택으로 인정되는 것으로 바뀌었다.

가정어린이집이나 종업원 기숙사용 주택 또한 주택으로 분류된다. 아파트나 다세대주택 내 가정어린이집(어린이놀이방 포함)에서 거주는 하지 않는다 하더라도 해당 공간은 언제든지 주택으로 사용할 수 있는 것이므로 양도 시 1주택이 된다.

또한 종업원 기숙사 역시 기숙사용 건물이 아닌 아파트 안에 있다면 비과세 판단 시 주택에 해당한다.

14

1세대 1주택 비과세를 받으려면 보유, 거주 요건이 어떻게 되나요?

2015년에 조정대상지역에서 취득한 아파트를 보유하고 있는 A씨는 1세대 1주택자다. A씨는 이 아파트에 거주하지 않고 줄곧 전세를 받았는데 이제 11억 원에 양도를 하려고 한다. 과연 1세대 1주택 비과세를 적용받을 수 있을까?

1세대 1주택 비과세는 거주 요건 충족 여부에 달려있다. 과거에는 2년간 보유하기만 하면 1세대 1주택 비과세를 받을 수 있었다. 하지만 2017년 8.2 부동산 대책 시행 이후 조정대상지역의 주택은 2년 기간(취득일부터 양도일까지)을 채우고 다음의 거주 요건도 채워

야만 비과세를 기대할 수 있다.

    1) 2017년 8월 3일 이후 취득(잔금 청산일 기준)

    2) 보유기간 요건의 예외 주택(수용·협의매수, 1년 이상 거주 후 직장 이전 등으로 양도 등)에 해당하지 않는 경우

비과세 한도는 주택 가격 12억 원까지만이다. (2021년 12월 8일 이후 양도분)

다만, 다음 경우에는 거주요건을 갖추지 않아도 된다.

1) 2017년 8월 2일이나 그 이전에 계약하고 8월 3일 이후 잔금을 지급했는데 계약일 현재 무주택

2) 주택 및 부수토지 전부 또는 일부가 「공익사업을 위한 토지 등의 취득 및 보상에 관한 법률」에 의해 협의매수 또는 수용되는 경우

3) 「해외이주법」에 따른 해외이주로 세대 전원이 출국

4) 1년 이상 계속해 국외거주를 필요로 하는 취학 또는 근무상 형편으로 세대 전원이 출국

   *출국자의 경우 출국일 현재 1주택을 보유, 출국일부터 2년 이내에 양도

5) 1년 이상 거주 후 취학, 질병의 요양 등 부득이한 사유로 양도

2주택 이상을 보유한 1세대가 1주택 외 주택을 모두 양도한 경우에는 양도 후 1주택만 보유하게 된 날부터 양도일까지 2년이 되

는지 계산한다. 일시적인 2주택(상속, 동거봉양 등)인 경우는 해당 주택의 처음 취득일로부터 양도일까지 계산한다.

그리고 임대주택으로 등록한 경우 보유 기간은 2년 이상이지만 거주한 기간이 2년 미만이라 해도 1세대 1주택 비과세를 받을 수 있다. 다만 이 법은 개정이 되어 2019년 12월 16일 이전에 임대주택 등록을 한 경우에 한해 적용된다.

위 사례에서 A씨는 조정대상지역에 있는 아파트를 취득했지만 2017년 8월 2일 이전에 취득했고, 양도가액이 12억 원 이하이며 1세대 요건을 충족한 1주택자이기 때문에 비과세 혜택을 받을 수 있다.

15 이사 가기 위해 일시적으로 주택이 2채가 되었는데 어떻게 비과세 받을 수 있나요?

1세대 1주택인 가족이 이사를 가려고 한다. 그런데 집을 옮기다 보면 일시적으로 2주택이 되는 경우가 많다. 그렇다면 기존에 살던 주택은 언제까지 팔아야 할까?

비과세 혜택을 받기 위해 전에 살던 주택을 파는 기간을 종전 주택 처분기간이라고 한다. 2019년 12.16 부동산 대책으로 인해 2019년 12월 17일 이후 조정대상지역 내 주택을 취득하면 취득일로부터 1년 내 새로 취득한 주택으로 전입하고, 종전 주택을 처분해야 한다.

그런데 전입을 하려고 보니 기존에 임차인이 있어서 전입을 못하면 어떻게 될까?

기존 임차인의 거주가 임대차계약 등 서류에 의해 명백히 확인되고, 임대차기간이 취득일부터 1년이 넘는다면 기존 임대차 종료 전에 이사 및 전입신고가 완료돼야 1세대 1주택 비과세를 받을 수 있다. 또한 취학, 근무상 이유 때문에 세대 구성원의 일부가 1년 이내 이사하지 못 할 때도 비과세를 적용한다.

만약 종전 주택은 조정대상지역에 있고 새로 취득하는 주택은 비조정대상지역에 있으면 어떻게 될까? 이럴 때는 종전 주택을 3년 이내에 팔면 비과세 대상이다.

또 수도권 1주택자인데 지방으로 이전하는 법인 또는 공공기관(국가균형발전특별법 제2조 9항에 명시된 기관)에 종사하는 사람의 종전주택 처분기간은 최장 5년이다.

16

2주택이라도 비과세를 받을 수 있는 예외가 있나요?

○ 동거봉양비과세

만약 부모님을 모시기 위해 합쳤더니 2주택이 된 상황이라면? 60세 이상인 부모님과의 합가로 1세대 2주택이 되었다면, 합가한 날로부터 10년 이내에 먼저 양도하는 주택은 1세대 1주택 비과세를 해준다. 그렇다면 부모님이 꼭 60세 이상이어야 할까? 직계존속의 연령은 세대를 합친 날을 기준으로 판단하며 부모님 중 한 명만 60세 이상이면 되고, 2019년 2월 12일 이후 양도분부터는 60세 미만이라도 중증질환자, 희귀난치성질환 등 중대한 질병으로 합가하는 경우, 연령과 상관없이 비과세가 가능하다. 정리를 해보면 다음과 같다.

1) 1주택을 보유

2) 1주택을 보유하고 있는 60세 이상 직계존속(배우자의 직계존속 포함, 직계존속 중 어느 한사람이 60세 미만인 경우 포함)을 동거봉양하기 위해 합가한 경우

3) 합가한 날로부터 10년 이내(2018년 2월 3일 이전 합가시에는 5년이내)에 먼저 양도하는 주택(1세대1주택 거주, 보유요건 충족)에 대해서는 비과세 적용

사례 1. 일시적으로 2주택을 보유한 아들과 1주택을 보유한 어머니가 세대를 합가했을 때, 합가한 날로부터 3년 이내에 2년 이상 보유한 어머니명이 주택을 양도한 경우 1세대 1주택 양도소득세 비과세를 받을 수 있다.

사례 2. 세대가 다른 1주택을 가진 아들과 1주택을 가진 부모가 세대를 합가 했다가 다시 분가하였다. 그리고 다시 세대를 합친 경우에는 그 최종 합가한 날로부터 10년 이내인 비과세요건을 갖춘 1주택을 양도하는 경우에 1세대 1주택 특례규정이 적용된다.

○ 혼인합가비과세

각각 1주택을 소유한 남녀가 결혼으로 인해 일시적으로 1세대 2주택이 된 경우 혼인한 날로부터 5년 이내 먼저 양도하는 주택에 1세대 1주택 비과세가 적용된다. 또한 60세 이상 1주택자 부모님을 동거봉양하는 무주택자가 1주택자와 혼인했을 때도 5년 이내 먼저 양도하는 주택에 비과세를 적용한다.

혼인한 날은 결혼식 날이 아닌 관할 지자체에 혼인신고한 날임을 특히 알아둘 필요가 있다.

17 고가주택은 얼마나 많은 세금을 내야 하나요?

1세대 1주택 양도 시 세금이 발생하지 않는 양도가액은 최대 12억 원(2021년 12월 8일 양도 분부터)까지다. 그럼 12억 원을 초과하는 고가주택엔 세금이 얼마나 나올까?

10년 전부터 서울의 아파트를 1채 가진 A씨는 해당 아파트를 양도하려고 한다. 양도가액은 20억 원을 생각하고 있고 취득가액은 5억 원이다.

우선 5억 원의 아파트를 20억 원에 양도하니 단순 양도차익은 15억 원이다. 1세대 1주택이니 12억 원까지는 비과세다. 양도소득세는 양도차익에 대해서만 부과하는 세금인데 따라서 A씨는 6억 원에 대해 세금을 물겠다고 생각하면 된다.

$$(\text{양도가액 20억 원} - \text{취득가액 5억 원}) \times \frac{\overset{\text{양도가액}}{\text{20억 원}} - \overset{\text{비과세 기준}}{\text{12억 원}}}{\text{20억 원}} = \text{6억 원}$$

이제 이 6억원에 대한 세금을 계산해야 하는데, 양도소득세 계산에 있어서 중요한 요소 중 하나가 장기보유특별공제다. 보유기간·거주기간 3년 이상 주택(토지, 건물, 조합원으로부터 취득한 경우 제외한 조합원입주권)에 대해 양도차익의 일정 부분을 공제하는 것이다.

거주기간을 함께 고려해야 하는 케이스는 1세대 1주택인데 비과세 여부와 상관없이 양도 당시 3년 이상 보유 및 2년 이상 거주 요건을 충족하면 된다. 비거주자는 적용 배제된다. 1세대 1주택 장기보유특별공제율은 아래 표와 같다.

구분		3년 이상	4년 이상	5년 이상	6년 이상	7년 이상	8년 이상	9년 이상	10년 이상
공제율	보유기간	12%	16%	20%	24%	28%	32%	36%	40%
	거주기간	12%	16%	20%	24%	28%	32%	36%	40%
	합계	24%	32%	40%	48%	56%	64%	72%	80%

과거에는 거주 기간 요건이 없었으나 이제 실거주를 증명해야 공제율을 높일 수 있다. 해당 보유 기간 또는 거주 기간에 4를 곱하

면 공제율이 된다. 보유 기간 3년 이상, 거주 기간 2년 이상 3년 미만일 때는 공제율이 20%로 적용된다. (보유 기간 공제율은 12%, 거주 기간 공제율 8%)

장기보유특별공제까지 감안하면 A씨는 4억 8천만 원을 공제받는다. (6억 × 80%) 그러면 1억 2천만 원이 남는데

{(1억2천만원-양도소득기본공제 250만원) x 세율 35%} - 1,490만원 + 지방소득세 10%

이 액수가 A씨에게 부과될 세금이다. 양도차익 15억 원의 2%도 안 되는 정도다. 만약 2년 이상 거주하지 않았다면, 장기보유특별공제를 못 받고 20% 일반공제만 받음에 따라 1억 원이 넘는 거액을 부담했을 것이다. 보유 기간과 거주 기간만 잘 알아도 많은 돈을 절약할 수 있다.

18 무주택자가 주택을 취득할 때 단독명의와 공동명의 중 무엇이 유리한가요?

무주택자가 주택을 처음 취득할 때 여러 가지 고민이 있을 것이다. 그중 하나가 명의를 어떻게 할까? 하는 고민일 것이다. 단독명의로도, 부부 공동명의로도 할 수 있는데 상황에 따라서 유불리가 달라지니 잘 판단해야 한다.

예를 들면 결혼 15년 차인 부부 A씨, B씨는 고생 끝에 처음으로 자가 아파트를 갖게 됐다. 아파트 가격은 14억 원으로 다음 달에 잔금까지 치르고 등기를 할 예정이다. 그런데 주변에서 공동명의가 좋더라, 단독명의가 좋더라, 이야기가 다 달라 고민에 빠졌다.

먼저 배우자가 오랜 기간 맞벌이라면 자금 출처가 분명한 소득이 있으므로 50:50 공동명의를 하더라도 증여세 문제가 없다.

하지만 아내 B씨가 전업주부라면 이야기가 달라진다. 부부 간 증여가 있을 때 부부증여 공제금액은 10년 이내 6억 원이다. 6억 원까지는 증여세가 발생하지 않는다. 그런데 이 아파트는 취득가액이 14억 원이었고 50:50 공동명의라 7억 원이 아내 명의로 취득된다. 그렇다면 7억 원을 아내에게 증여하는 것이므로 6억 원은 공제받지만 남은 1억 원에 대해서는 증여세를 납부해야 한다.

이 부부가 아파트를 월셋집으로 내놓는다고 가정해 보자. 그럼 주택임대소득이 생기고 소득이 생기니 종합소득세를 납부하게 될 것이다. 종합소득세는 1인당 부과되기 때문에 공동명의가 유리할 수 있다.

연간 주택임대소득이 4천만 원 이하일 경우 지분이 50:50으로 1인 주택임대소득은 2천만 원 이하니까 분리과세로 마무리된다. 4천만 원이 넘는다면 각각 종합소득세에 합산해서 과세가 되는데 이때도 1인 소득이 분리되어 세율이 낮아지는 효과가 있다.

만약 외벌이 가구라면 한쪽으로 소득이 쏠리고 덩달아 세율도 높으니 단독명의가 불리하다. 대신 공동명의 주택이고 임대사업자등록도 공동으로 해도 지역건강보험료는 따로 나온다. 그렇다면 그 지역건강보험료 금액과 종합소득세, 종합부동산세, 양도소득세 등을 비교해 무엇이 더 유리할지를 검토한 다음에 결정하는 것이 바람직하다.

이제 처분할 때를 생각해보자. 처분할 때는 양도소득세가 발생하는데 양도소득세는 소유자별로 계산하니 공동명의라면 부담이 줄어든다. 250만원씩은 양도소득기본공제로 각각 공제되고, 양도차익과 양도소득과세표준도 분산되기 때문에 세율이 낮아지는 효과가 생기는 것이다.

가령 A씨가 아파트를 양도하고 장기보유특별공제를 적용받아 1억 6천만 원의 양도소득금액이 발생했다고 가정해 보자. 단독명의라면 1억 6천만 원이 과세표준이니 세율이 38%에 달한다. 그러나 공동명의라면 과세표준이 둘로 분산되고 세율이 24%기 때문에 납부 세액 절약이 가능하다.

1. 상속주택 특례를 받을 수 없는 주택 양도
상속주택 특례는 한 채만 적용받을 수 있다. 보유 기간이 긴 주택b가 상속주택 특례 대상이므로 주택 c를 먼저 양도한다. 다주택 중과가 적용된다.

2. 원래 보유한 일반주택 양도
일반주택을 이어서 양도한다면 주택b는 없는 것으로 분류되어 1세대 1주택 비과세 특례를 받을 수 있다.
만약 b를 처음에 양도하면, 2주택자로 분류되고 일반주택 양도 시 1세대 1주택 비과세 특례를 받을 수 없다.

3. 상속주택 특례를 받는 주택 양도

남은 주택 b를 1세대 1주택 요건을 갖추어 양도한다면 비과세 혜택을
받을 수 있다.

19

1주택인데 종합부동산세는 단독명의와 공동명의 중 무엇이 유리한가요?

다음 표는 앞서 설명한 공동명의의 장단점을 정리한 표이다.

부부공동명의 장단점	
장점	양도세 절감
	증여세, 상속세, 종부세 절세
	자금 출처 조사 유리
단점	취득세, 등기 이전 관련 비용
	건강보험료 부담 증가
	재산 권리 행사 제약

(2021년 개정 사항 반영)

구분	부부 공동명의 특례 적용 (2021년 6월 1일 기준)	부부 공동명의 특례 미적용
납세의무자	지분율이 큰 자(같은 경우 선택)	각각 납세의무자
공제금액	11억 원	각각 6억 원씩
세액공제	가능*(최대 80%, 납세의무자 연령 및 보유 기간)	불가능

　그렇다면 다주택자와 달리 1주택자도 '종합부동산세 폭탄'을 맞는가? 다행히 정부는 1세대 1주택 실수요자에게까지 큰 부담을 주지 않으려고 몇 가지 세제 혜택을 주고 있다.

　첫 번째로는 과세기준금액 상향이다. 일반적으로는 6억을 공제하지만, 단독명의이고 1세대 1주택자라면 11억 원을 공제해 준다.

　두 번째로는 1주택을 가지고만 있었을 뿐인데 여러 이유로(정책, 경제 상황 등) 집값이 상승했을 때 고령자를 위한 세액공제이다. 과세기준일 현재 만 60세 이상인 1세대 1주택자에게는 산출세액에 연령별 공제율을 곱한 금액을 공제해 준다. 고연령일수록 공제율도 크다.

　세 번째로는 보유 기간에 따른 세액공제다. 양도소득세는 오래 보유한 자에게 혜택을 크게 주는데 종합부동산세 역시 마찬가지다.

고령자를 위한 세액공제와 장기보유에 따른 세액공제율은 다음과 같다.

연령에 따른 고령자 세액공제			장기보유 세액공제		
60세 이상	65세 이상	70세 이상	5년 이상	10년 이상	15년 이상
20%	30%	40%	20%	40%	50%

• 공제 한도 : 최대 80% (2020년도 개정)

공제 한도 80%란 주택을 15년 이상 보유했고 연령이 70세 이상이라도 공제율이 90%가 아닌 80%라는 뜻이다.

네 번째로는 부부 공동명의 1주택인 경우 납세자가 단독명의를 선택할 수 있다는 것이다. 시간이 지날수록 단독명의자들이 유리해지는 세금 구조에 대해 공동명의자들이 형평성 문제를 제기한 데 따른 정책이다.

예를 들어 조정대상지역이고 2022년 주택 공시가격이 13억 원인 주택을 15년 이상 보유하고 있는 A씨가 있다. 62세이고 명의는 배우자와 5:5 공동명의다. 이 경우 종합부동산세는 2명분을 합쳐서 317,730원이지만 단독명의로 신청해 계산하면 246,240원이다. 단독명의가 확실히 유리한 경우다. 조금 더 다양한 케이스를 아래 표를 통해 확인해 보자.

공시가격	13억			15억		
보유기간	5년	10년	15년	5년	10년	15년
공동명의	317,730	317,730	317,730	1,010,216	1,010,216	1,010,216
단독명의	492,480	328,320	246,240	1,100,160	733,400	550,080

공시가격이 13억 원이고 60세 이상인 경우 보유기간이 5년~10년일 때는 공동명의, 15년 이상이면 단독명의가 유리하다. 공시가격이 15억 원이면 보유기간 10년부터는 단독명의가 훨씬 유리함을 확인할 수 있다.

3장

다주택자가
반드시 알아야 하는
절세 비법

20 조정대상지역과 투기과열지구, 어떻게 다른가요?

　주택의 가격에 영향을 미치는 요인 중 가장 큰 요인은 지역이다. 주택의 위치가 서울인지 수도권인지 수도권 밖인지에 따라 가격이 천차만별이다.

　주택의 가격이 지속 상승하면서 정부는 주택가격상승률에 따라 투기지역, 투기과열지구, 조정대상지역을 설정했다. 이중 투기과열지구는 주택가격상승률이 물가상승률보다 현저히 높거나 청약경쟁률이 일정기준 이상을 초과하는 등 주택법에서 정한 기준에 해당하는 지역이다. 조정대상지역도 마찬가지로 주택가격상승 등 요건에 해당하면 심의를 거쳐 지정된다.

　그렇다면 투기과열지구와 조정대상지역은 어떻게 다를까? 투기과열지구는 아파트 청약이나 분양권전매 등의 제약을 받는 지역, 조정대상지역은 양도소득세 중과세 등 세법 강화가 적용되는 지역이다. 조정대상지역이 투기과열지구보다 범위가 더 넓고, 투기과열지구 대부분 지역을 포함하고 있다. 2017년 8.2 부동산 대책 이후 조정대상지역이 늘어나고 있으며, 조정대상지역에서 해제되기도 하지만 그 수는 많지 않다.

아래 표는 전국의 조정대상지역을 정리한 표다.

구분	조정대상지역(111개)
서울	전역(25개 구)('16.11.3)
경기	과천, 성남, 하남, 동탄2('16.11.3), 광명('17.6.19) 구리, 안양동안, 광교지구('18.8.28) 수원팔달, 용인수지·기흥('18.12.31), 수원영통·권선·장안, 안양만안, 의왕('20.2.21) 고양, 남양주[주1], 화성, 군포, 부천, 안산, 시흥, 용인처인[주2] 오산, 안성[주3], 평택, 광주[주4], 양주[주5], 의정부('20.6.19) 김포[주6]('20.11.20) 파주[주7]('20.12.18) 동두천[주8]('21.8.30)
인천	중[주9], 동, 미추홀, 연수, 남동, 부평, 계양, 서('20.6.19)
부산	해운대, 수영, 동래, 남, 연제('20.11.20) 서구, 동구, 영도구, 부산진구, 금정구, 북구, 강서구, 사상구, 사하구('20.12.18)
대구	수성('20.11.20) 중구, 동구, 서구, 남구, 북구, 달서구, 달성군[주10]('20.12.18)
광주	동구, 서구, 남구, 북구, 광산구('20.12.18)

대전	동, 중, 서, 유성, 대덕('20.6.19)
울산	중구, 남구('20.12.18)
세종	세종[주11]('16.11.3)
충북	청주[주12]('20.6.19)
충남	천안동남[주13]·서북[주14], 논산[주15], 공주[주16]('20.12.18)
전북	전주완산·덕진('20.12.18)
전남	여수[주17], 순천[주18], 광양[주19]('20.12.18)
경북	포항남[주20], 경산[주21]('20.12.18)
경남	창원성산('20.12.18)

주1) 화도읍, 수동면 및 조안면 제외

주2) 처인구 포곡읍, 모현읍, 백암면, 양지면 및 원삼면 가재월리·사암리·미
     평리·좌항리·맹리·두창리 제외

주3) 일죽면, 죽산면, 삼죽면, 미양면, 대덕면, 양성면, 고삼면, 보개면, 서운면
     및 금광면 제외

주4) 초월읍, 곤지암읍, 도척면, 퇴촌면, 남종면 및 남한산성면 제외

주5) 백석읍, 남면, 광적면 및 은현면 제외

주6) 통진읍, 대곶면, 월곶면 및 하성면 제외

주7) 문산읍, 파주읍, 법원읍, 조리읍, 월롱면, 탄현면, 광탄면, 파평면, 적성
     면, 군내면, 장단면, 진동면 및 진서면 제외

주8) 광암동, 걸산동, 안흥동, 상봉암동, 하봉암동, 탑동동 제외

주9) 을왕동, 남북동, 덕교동 및 무의동 제외

주10) 가창면, 구지면, 하빈면, 논공읍, 옥포읍, 유가읍 및 현풍읍 제외

주11) 건설교통부고시 제2006-418호(2006.10.13.)에 따라 지정된 행정중심복
     합도시 건설 예정지역으로, 「신행정수도 후속대책을 위한 연기 · 공주

지역 행정중심복합도시 건설을 위한 특별법」제15조제1호에 따라 해제
된 지역을 포함

주12) 낭성면, 미원면, 가덕면, 남일면, 문의면, 남이면, 현도면, 강내면, 옥산
면, 내수읍 및 북이면 제외

주13) 목천읍, 풍세면, 광덕면, 북면, 성남면, 수신면, 병천면 및 동면 제외

주14) 성환읍, 성거읍, 직산읍 및 입장면 제외

주15) 강경읍, 연무읍, 성동면, 광석면, 노성면, 상월면, 부적면, 연산면, 벌곡
면, 양촌면, 가야곡면, 은진면 및 채운면 제외

주16) 유구읍, 이인면, 탄천면, 계룡면, 반포면, 의당면, 정안면, 우성면, 사곡면
및 신풍면 제외

주17) 돌산읍, 율촌면, 화양면, 남면, 화정면 및 삼산면 제외

주18) 승주읍, 황전면, 월등면, 주암면, 송광면, 외서면, 낙안면, 별량면, 상사면
제외

주19) 봉강면, 옥룡면, 옥곡면, 진상면, 진월면 및 다압면 제외

주20) 구룡포읍, 연일읍, 오천읍, 대송면, 동해면, 장기면 및 호미곶면 제외

주21) 하양읍, 진량읍, 압량읍, 와촌면, 자인면, 용성면, 남산면 및 남천면 제외

21

다주택자가 조정대상지역의 주택을 양도하면 어떤 규제를 받나요?

정부는 8.2 대책을 통해 다주택자 대상 양도소득세 부과를 강화했다. 그리고 2018년 4월 1일부터 다주택자에 대한 양도소득세 중과세가 시행되고 있다.

아파트 2채(서울, 15년 보유 1채 / 수원, 5년 보유 1채)를 보유하고 있는 A씨는 2주택자이다. 서울 아파트 시세차익은 10억 원, 수원 아파트 시세차익은 5억 원이다.

A씨는 2021년 6월 1일 이후 바뀐 세법으로 인해 약 6억 4,100만 원(지방소득세 10%포함)을 양도소득세로 납부해야 한다. 그리고

다주택자가 조정대상지역에서 주택을 양도하면 기본세율에다 20%~30%p에 해당하는 중과세율을 가산해서 계산한다. 2주택자는 20%, 3주택자 이상은 30%다.

다주택자의 양도세 세율 중과

과세표준	기본 세율	'18.4.1 이후		'21.6.1 이후		누진 공제액
		2주택자	3주택자 이상	2주택자	3주택자 이상	
1,200만 원 이하	6%	16%	26%	26%	36%	-
4,600만 원 이하	15%	25%	35%	35%	45%	108만 원
8,800만 원 이하	24%	34%	44%	44%	54%	522만 원
1.5억 원 이하	35%	45%	55%	55%	65%	1,490만 원
3억 원 이하	38%	48%	58%	58%	68%	1,940만 원
5억 원 이하	40%	50%	60%	60%	70%	2,540만 원
10억 원 이하	42%	52%	62%	62%	72%	3,540만 원
10억 원 초과	45%	55%	65%	65%	75%	6,540만 원

이제 과세표준이 10억 원을 초과하면 지방소득세 10%를 포함해 82.5%에 해당하는 양도소득세를 납부하게 된다. 조정대상지역이 아닌 곳의 주택을 팔 때는 중과세 되지 않는다. 또 일정 요건에 해당하는 장기임대주택과 같이 주택 수에는 포함되지만 중과세되

지는 않는 주택도 있다.

　다주택자가 조정대상지역에 있는 주택을 양도할 경우 세율도 높아지고 장기보유특별공제도 받지 못 한다. 1세대 1주택 장기보유특별공제 외 일반적인 장기보유특별공제율은 다음과 같다.

[일반적인 경우의 장기보유특별공제율]

보유 기간	3년 이상	4년 이상	5년 이상	6년 이상	7년 이상	8년 이상	9년 이상	10년 이상	11년 이상	12년 이상	13년 이상	14년 이상	15년 이상
공제 율	6%	8%	10%	12%	14%	16%	18%	20%	22%	24%	26%	28%	30%

　다음 페이지의 표는 1세대 1주택 비과세되었을 때와 1세대 2주택으로 중과세되었을 때, 그리고 중과세에 해당되지 않을 때의 세액 차이를 비교분석한 표다.

　이 표에서 알 수 있다시피, 다주택자인데 절세를 원한다면 양도차익이 가장 적거나 조정대상지역이 아닌 주택을 먼저 양도하고 1세대 1주택 비과세 혜택을 받을 수 있는 요건을 갖추어야 한다. 그 다음 1세대 1주택 비과세에 해당하고 양도차익이 가장 큰 주택을 마지막에 양도한다면 전략적인 절세를 할 수 있다.

구분		비과세	일반과세	2주택 중과세
양도 차익	과세	400,000,000	1,000,000,000	1,000,000,000
	비과세	600,000,000		
장기보유특별공제		320,000,000	300,000,000	0
양도소득기본공제		2,500,000	2,500,000	2,500,000
양도소득과세표준		77,500,000	697,500,000	997,500,000
세율		일반세율(24%)	일반세율(42%)	중과세율(62%)
양도소득세		13,380,000	257,550,000	583,050,000
지방소득세		1,338,000	25,755,000	58,305,000
총부담세액		14,718,000	283,305,000	641,355,000

22 다주택자의 중과세는 어떻게 판단하나요?

폐지되었던 다주택자 중과세가 부활하면서 주택을 양도할 때 세금 부담이 커졌다. 최대의 절세를 위해서는 부동산정책이 달마다, 해마다 어떻게 바뀌는지 꾸준히 지켜봐야 한다.

다주택자 중과세는 앞서 설명한 바와 같이 조정대상지역 내 주택을 양도할 때만 적용한다. 그리고 그 주택이 중과세 대상 주택이어야 한다. 또 1세대이며 다주택자여야 한다.

다주택자의 중과세 적용 판단 순서는 양도하는 주택이 조정대상지역에 있는지가 첫 번째다. 조정대상지역이 아니라면 기본세율을 적용하면 된다. 조정대상지역은 지정이 해제될 수도 있고, 거꾸로 추가 지정되는 수도 있으니 양도 시점의 조정대상지역을 잘 파악해야 한다.

두 번째는 내가 가진 주택이 주택 수 계산에 포함되는지 판단을 한다. 조합원입주권, 분양권은 주택은 아니지만 주택 취득 권리이기 때문에 주택 수에 포함한다. 분양권은 2021년 1월 1일 이후 취득분부터 주택 수에 포함한다. 그리고 주택이라도 지방의 저가주택은 주택 수에서 제외되기도 한다.

세 번째, 양도하는 주택이 중과세가 배제되는 주택인지 판단해야 한다. 장기임대주택 등 일정 요건에 해당하면 중과대상에서 제외되기 때문이다.

요약하면 다음과 같다.

다주택자 중과세율 적용 판단 순서

1단계   양도하는 주택이 조정대상지역에 있는지 판단하라.

2단계   중과대상 주택 수가 2개 이상인지 판단하라.

3단계   양도하는 주택이 중과세 배제주택인지 판단하라.

4단계   중과대상이라면 2주택, 3주택 이상인지 판단해 세금을 검토 후 의사결정을 하라.

23 중과세 판단 시 주택 수에서 제외되는 주택은?

서울에 1주택, 이천시 장호원읍에 1주택 그리고 경남 하동군에 1주택이 있는 A씨는 서울에 있는 주택을 양도하려고 한다. 이 경우 1세대 3주택으로 보아 양도소득세 중과세에 해당될까?

앞서 설명했듯 주택이라고 전부 다 주택 수에 포함되지는 않는다. 다주택자 중과세의 취지는 결국 부동산 투기 방지, 주택가격 안정화인데 투기와는 다소 동떨어진 주택까지 전부 중과 판단 주택 수에 포함한다면 실수요자들이 피해를 보기 때문이다.

수도권 및 광역시·특별자치시(세종시) : 주택가액에 상관없이 주택 수에 포함. 해당 지역이 조정대상지역이라면 해당 주택은 중과세 대상.

수도권 중 읍·면 지역 및 광역시 내 군 지역, 세종시 내 읍·면 지역, 광역시·특별자치시 외 지역의 기준시가 3억 원 이하 주택 : 보유 주택 수에 미포함.

즉, 이천시 장호원읍은 읍·면 지역이고 경남 하동군도 기타 읍·면 지역이기 때문에 해당 지역 주택의 기준시가가 3억 원 이하라면 중과세 대상 주택 수에 들어가지 않는 것이다. 그래서 A씨는 1세대 1주택자로 분류되며(서울 주택) 세율은 기본세율이 적용된다. 장기간 보유·거주 중이라면 장기보유특별공제도 가능하다. 단, 비과세 대상은 아니다.

〈CASE1〉 이천시 장호원읍 주택이 기준시가 3억 원 이하인 경우

	소재지	기준시가	주택 수	양도시 중과세
①	서울특별시	10억	포함	제외
②	경기도 이천시 장호원읍	3억	제외	제외
③	경남 하동군	2억	제외	제외

〈CASE2〉 이천시 장호원읍 주택이 기준시가 3억 원 초과인 경우

	소재지	기준시가	주택 수	양도시 중과세
①	서울특별시	10억	포함	2주택 중과세
②	경기도 이천시 장호원읍	5억	포함	제외
③	경남 하동군	2억	제외	제외

24

3주택자인데 중과가 안 되는 주택이 있을까요?

이번에는 조정대상지역 내 중과되지 않는 주택에 대해서 알아보자. 다주택자 중과제도는 투기를 억제하기 위한 정책이기 때문에 부득이한 사유가 있거나, 정부의 규제 완화 기간에 취득하는 경우에는 투기가 아니라고 판단하고 다주택이어도 중과세를 적용하지 않는다.

1) 소득세법상 장기임대주택에 해당하는 주택

장기임대주택은 민간임대주택에 관한 특별법에 따라 단기임대주택 또는 장기일반민간임대주택으로 지방자치단체(시청, 군청, 구청)와 등록을 하고 소득세법에 따라 세무서에 임대주택으로 사업자등록을 한 주택을 말하는데 추가적인 요건이 더 있다.

　민간임대주택에는 매입임대주택과 건설임대주택이 있는데 매입임대주택은 임대개시일 시점에 기준시가가 수도권 6억 원 이하(비수도권 3억 원 이하)여야 하고 호수는 1호 이상이면 된다. 건설임대주택은 수도권 6억 원 이하 대지면적 298제곱미터 이하, 건물 연면적 149제곱미터 이하인 주택을 2호 이상 임대해야 한다.

　그리고 임대주택이 중과배제 주택이 되려면 일정 기간 임대를 유지하고 팔지 않아야 한다. 2018년 3월 31일까지 장기임대주택으로 등록한 경우에는 등록일부터 5년 이상, 2018년 4월 1일 이후에 등록한 경우 8년 이상 임대해야 한다. 그리고 1주택 이상 보유한 세대가 2018년 9월 14일 이후에 조정대상지역 내 주택을 신규 취득해 임대등록하는 경우는 양도소득세가 중과된다. 아파트에 대한 임대주택등록 폐지, 자동말소, 자진말소 등을 함께 잘 검토해야 한다.

2) 조세특례제한법상 감면대상 주택

　신축주택이나 미분양주택 등 조특법(조세특례제한법)상 특례에 따라 중과세 대상에서 제외되는 주택이 있다.

3) 장기사원용주택

　사용자가 소유하고 종업원에게 10년 이상 무상 임대하는 주택 또한 중과세 대상이 아니다. 다만 사용자와 종업원이 특수관계인이면 안 된다.

4) 문화재주택

문화재보호법 상 지정된 문화재, 등록된 문화재주택에는 중과
하지 않는다.

5) 상속주택

상속받은 날로부터 5년이 지나지 않은 주택은 중과하지 않는
다. 양도할 계획이 있다면 5년 이내 팔아야 한다.

6) 저당권 등으로 취득한 주택

저당권 실행으로 인해 취득하거나 채권변제를 대신해서 취득
한 주택으로서 취득일로부터 3년 이내 양도한다면 중과하지 않
는다.

7) 장기 가정어린이집으로 사용한 주택

영유아보육법에 따라 인가받은 장기어린이집을 사업자등록
후 5년 이상 사용하다가, 가정어린이집으로 사용하지 않은 날로부
터 6개월 이내에 양도한다면 중과하지 않는다.

8) 위 사례를 제외하고 남은 1개의 일반주택

위 경우들을 제외하고 가진 집이 1개만 남았다면 그 주택은 중

과하지 않는다.

9) 조정대상지역 지정 전 계약주택

　　조정대상지역 지정 공고가 있었던 날 이전에 해당 지역의 주택을 양도하기 위해 매매계약을 체결하고 계약금을 받은 사실이 증빙서류에 의해 확인되는 경우 그 주택을 양도한다면 중과하지 않는다.

25

2주택자에게만 특별히 중과가 안 되는 주택이 있다던데요?

1세대 2주택자인 경우에만 중과가 안 되는 주택의 사례는 아래와 같다.

1) 부득이한 사유로 취득한 주택

1세대의 구성원 중 일부가 취학, 근무상 형편, 질병 요양 등 부득이한 사유로 수도권 밖 시·군으로 이사하면서 1세대 2주택이 되었다면 해당 주택을 양도할 때 중과하지 않는다. 이때 이사하면서 취득하는 주택은 취득 당시 기준시가가 3억 원 이하이고, 1년 이상 거주해야 하며, 해당 사유가 해소된 날부터 3년이 지나지 않아야 한다.

예를 들어 지방으로 발령을 받아 아파트를 취득했다가 2년이 지난 후 서울로 돌아온 경우를 보자. 중과를 피하려면 지방에 취득한 아파트에 1년 이상 거주를 해야 하고 서울로 돌아온 날로부터 3년 이내에 팔아야 한다.

2) 혼인에 의해 합가한 주택

각자 1주택을 소유한 남녀가 결혼해 1세대 2주택이 되었을 경우 혼인합가일로부터 5년 이내 양도한다면 중과하지 않는다. 원래 5년 이내 양도한다면 비과세 대상인데 거주요건 등을 만족하지 못해 비과세 혜택을 못 받았을 경우 중과까지는 하지 않는다는 것이다.

3) 부모를 봉양하기 위해 합가한 주택

1주택 소유 세대가 본인이나 배우자의 60세 이상 직계존속을 모시기 위해 합가하는 경우, 합가일로부터 10년 이내 주택을 양도한다면 중과하지 않는다. 이 역시 원래 10년 이내 양도한다면 비과세 대상인데 거주요건 등을 만족하지 못해 혜택을 못 받았을 경우 중과를 하지 않는다는 의미다.

4) 소송주택

주택의 소유권을 두고 소송 진행 중이거나 소송 결과로 취득한 주택은 확정판결일로부터 3년 이내 양도한다면 중과를 적용하지 않는다.

5) 위 사례를 제외하고 남은 1개의 일반주택

위 경우들을 제외하고 가진 집이 1개만 남았다면 그 주택은 중과하지 않는다. 이렇게 일반주택이 중과되지 않는 이유는 다른 중과배제주택들이 주택 수에서 제외되어서가 아니라 중과배제주택을 제외하고 일반주택 1채만 있기 때문이다.

6) 일시적인 2주택

1주택을 소유한 1세대가 주택을 양도하기 전 다른 주택을 취득하면서 일시적으로 2주택이 되는 경우, 종전 주택을 양도한다면 중과하지 않는다.

종전주택	신규주택	일시적 2주택 기간
조정지역	조정지역	18.9.13 이전 취득- 3년 내 매도 18.9.14~19.12.16 취득- 2년 내 매도 19.12.17 이후 취득- 1년 내 매도 & 1년 내 전입
비조정지역	조정지역	3년 내 매도
조정지역	비조정지역	
비조정지역	비조정지역	

7) 1억 이하 저가주택

주택 양도 당시 기준시가가 1억 원 이하라면 중과하지 않는 다. 단 도시 및 주거환경정비법(도정법)상 정비구역 내 주택은 제외한다.

26

다주택자의 취득세는 얼마나 나오나요?

1세대인 A씨는 성남에 10억 원에 해당하는 주택을 취득하려고 한다. 이미 서울과 천안에 한 채씩을 보유해 1세대 2주택인 A씨, 성남에 1주택을 추가 취득하면 취득세는 얼마나 나올까?

주택을 취득하면 취득세를 내야 한다. 취득세율은 주택의 면적이나 가액, 이미 보유하고 있는 주택 수에 따라 달라지므로 주택 구입 전에 부담할 취득세가 얼마나 되는지 정확히 파악하는 것이 중요하다. 여기서 취득이란 일반적인 매매 취득뿐만 아니라 교환, 상속, 증여 등 유상·무상의 모든 취득을 가리키며, 등기·등록을 하지 않더라도 사실상 취득했다면 취득세 과세 대상이다.

양도세처럼 취득세 세율도 주택 수에 따라 다르다. 먼저 주택을 유상(매매)취득하는 경우 2020년부터 6억 원~9억 원 구간 세율이 기존 2%에서 세분화되었고, 법인이 주택을 취득하거나 1세대 2주택 이상 취득하는 경우 중과가 된다.

　무주택자가 주택을 취득해 1주택이 될 때는 조정대상지역, 비조정대상지역 상관없이 금액과 면적에 따라 1%~3%의 세율을 적용받는다. 1주택을 소유한 1세대가 조정대상지역 주택을 취득해 2주택이 되는 경우 8% 세율로 중과세가 적용된다. (이사 등의 사유로 일시적인 1세대 2주택인 경우, 종전 주택을 일정 기간 내 처분하면 중과하지 않는다.) 그리고 1세대 2주택자가 조정대상지역에 또 하나의 주택을 취득해 1세대 3주택자가 되면 무려 12% 중과세율을 적용받는다.

　아래 표는 주택 수, 취득 주택 소재지, 유상·무상 여부에 따른 다주택자 취득세 중과세율을 정리한 표다.

취득세	유상취득				무상취득
	1주택	2주택	3주택	4주택이상	3억원이상
조정대상지역	1~3%	8% (일시적 2주택 제외)	12%	12%	12%
조정대상지역 외	1~3%	1~3%	8%	12%	3.5%

　성남에 주택을 취득하려는 A씨의 경우 이미 2주택이고 조정대상지역 주택을 취득하는 것이므로 12% 세율을 적용받게 된다. 취득세만 1억 원이 넘어 섣불리 주택을 취득했다가는 예상치 못한 규

모의 세금을 내야 한다.

양도세와 마찬가지로 취득세 중과세 판단 시에도 제외되는 주택이 있다. 일정 요건에 해당하면 그 주택은 다른 주택 취득 시 소유 주택 수에서도 제외된다.

1) 1억 원 이하 주택

주택의 시가표준액(주택 공시가격)이 1억 원 이하라면 중과 대상에서 제외된다.

2) 주택건설을 위해 멸실 목적으로 취득하는 주택

주택법에 따라 등록한 주택건설사업자 등이 주택건설을 위해 멸실목적으로 취득하는 주택이라면 주택 취득 시 중과에서 제외해 준다. 다만, 정당한 사유 없이 취득일로부터 3년 이내에 해당 주택을 멸실하지 않으면 세금을 부과한다.

3) 그 밖의 주택

농어촌주택, 사업용 노인복지주택, 국가등록문화재 주택, 가정어린이집, 공사대금으로 취득한 미분양주택 등 특정한 용도에 따라 취득한 주택은 취득세 중과에서 제외한다.

소유 주택 수를 계산할 때 꼭 체크 할 요소는 조합원입주권, 분양권, 오피스텔이다. 2020년 8월 12일 이후 취득한 조합원입주권, 분양권, 오피스텔은 주택 취득세 중과 시 주택 수에 포함한다. 단, 오피스텔의 시가표준액이 1억 원 이하라면 주택 수 산정에서 제외된다.

주택 수 계산 시 제외되는 주택은 다음과 같다.

1) 1억 원 이하 주택

시가표준액 1억 원 이하 주택을 가리킨다. 다만 재개발·재건축 사업구역 내 주택 등은 1억 원 이하라도 제외하지 않는다. 그리고 주택 수 산정일 현재 1억 원 이하인지를 보기 때문에, 과거에는 1억 원 이하였지만 현재 시가표준액이 1억 원을 초과한다면 해당 주택은 주택 수에 포함한다.

2) 주거용건물 건설업자가 신축하는 주택

본인이 직접 건축주로서 주택을 건축했으나 아직 판매되지 않은 재고 주택, 이러한 주거용건물 건설업자가 신축해 보유하는 주택은 주택 수에서 제외한다. 다만, 건설 완료된 주택에 본인 또는 타인이 1년 이상 거주하면 주택 수에 포함한다.

3) 상속주택

상속을 받아 취득한 주택은 상속 개시일부터 5년간 주택 수에서 제외한다. 공동지분으로 상속 받은 때는 주된 상속인이 아니라면 제외한다.

27 다주택자의 종합부동산세는 얼마나 나오나요?

C씨는 공시지가 기준으로 서울에 13억 원, 안양에 8억 원에 해당하는 주택을 가지고 있는 다주택자다. 그런데 올해 4월 성남에 있는 9억 원의 주택을 추가로 취득할 예정이다. 2주택일 때와 3주택일 때 종합부동산세는 각각 얼마일까?

종합부동산세율은 6단계 누진세율 구조로 구성되어 있는데 2021년도 납부분부터 세율이 크게 증가했다.

과세표준	주택분 종합부동산세(기본세율)				주택분 종합부동산세(중과세율)			
	일반(2주택 이하)				3주택 이상(조정대상지역 2주택자)			
	개인			법인	개인			법인
	2020	2021년 이후		2021	2020	2021년 이후		2021
	세율	세율	누진공제	세율	세율	세율	누진공제	세율
3억 원 이하	0.5%	0.6%		3%	0.6%	1.2%		6%
6억 원 이하	0.7%	0.8%	60만 원		0.9%	1.6%	120만 원	
12억 원 이하	1%	1.2%	300만 원		1.3%	2.2%	480만 원	
50억 원 이하	1.4%	1.6%	780만 원		1.8%	3.6%	2,160만 원	
94억 원 이하	2%	2.2%	3,780만 원		2.5%	5.0%	9,160만 원	
94억 원 초과	2.7%	3.0%	11,300만 원		3.2%	6.0%	18,560만 원	

또한 2022년도부터는 공정시장가액비율이 100%로 책정된다. 2022년도 기준 2주택일 때 C씨의 종합부동산세 과세표준은 15억 원이다. (공시가격 합산액 21억 원에서 6억 원 공제) 세율구간은 3.6%(조정대상지역 2주택자)에 해당하고 재산세 중복분을 공제하면 결정세액은 29,314,286원이다. 여기에 농어촌특별세(종합부동산세의 20%)를 더하면 납부할 종부세 총액은 35,177,143원이다.

만약 성남의 주택 취득으로 3주택이 된다면 과세표준은 24억 원이다. (공시가격 합산액 30억 원에서 6억 원 공제) 세율은 마찬가지로 3.6%고 재산세 중복분 공제, 농어촌특별세까지 반영하면 납부할 종부세 총액은 72,173,589원이다. 2주택일 때보다 납부할 종부세 규모가 훨씬 큼을 알 수 있다.

(단위 :원)

순번	내용	상세내역	2주택 금액	3주택 금액
1	공시가격합산액	자산별 공시가격의 합산액	2,100,000,000	3,000,000,000
2	공제금액	공제금액 6억원	(600,000,000)	(600,000,000)
3	과세표준	공시가격합산액-공제금액	1,500,000,000	2,400,000,000
4	종합부동산세	(과세표준×세율) - 누진공제	32,400,000	64,800,000
5	재산세 중복분	공제할 재산세액	(3,085,714)	(4,655,342)
6	결정세액	종합부동산세-재산세중복분	29,314,286	60,144,658
7	농어촌특별세	종합부동산세의 20%	5,862,857	12,028,932
8	총납부세액	종합부동산세+농어촌특별세	35,177,143	72,173,589

그나마 위안거리라고 한다면 세법에는 세부담 상한 제도가 있다. 종합부동산세는 직전년도 재산세와 보유세를 합한 금액의 일정 비율을 초과하면 그 초과하는 세액은 종합부동산세로 부과하지 않는다. 세부담 상한비율은 조정대상지역 2주택자와 3주택 이상자의 경우 300%, 그 외의 경우는 150%다.

다주택자가 종합부동산세를 아끼는 제일 좋은 방법은 소유한 주택 수를 줄이는 것이다. 향후 가격 상승이 어렵거나 양도차익이 적은 주택은 양도를 해 납부할 세액을 줄이는 것이 더 나을 수 있다. 그리고 1주택이나 비조정대상지역 주택을 포함해 2주택을 만든다면 세율 자체가 적어지므로 주택가액이 크지 않은 것들은 증여하고 명의를 분산하는 방법도 있다. 배우자 간에는 10년간 각각 6억 원, 직계존비속은 5천만 원(미성년자 2천만 원)의 증여재산공제가 가능하다. 아울러 부담부증여 제도를 활용해 다양하고 효율적으로 종합부동산세 과세표준을 낮출 수 있다. 종합부동산세 합산에서 배제되는 주택을 임대주택으로 등록해 분산시키는 전략도 하나의 방법이다.

무엇보다 종합부동산세 과세기준일 6월 1일을 염두에 두는 것이 좋다. 종부세는 6월 1일 현재 보유한 주택을 기준으로 산정되기 때문에 이때를 놓치지 말고 5월 31일 이전 잔금을 치를 수 있게 미리 설계해야 한다.

28 다주택자인데 절세를 위한 양도 순서가 어떻게 되나요?

양도세는 어떤 주택을 언제 파는지에 따라 달라진다. 우선 양도차익이 적은 것부터 하나씩 정리해 주택 수를 줄여야 한다. 또 중과가 배제되는 주택을 먼저 정리하는 등 전략을 잘 세워야 한다. 중과세를 피하는, 주택 처분 순서는 다음과 같다.

1) 감면 대상 주택이나 중과가 배제되는 주택, 그리고 중과세가 적용되지 않는 조정대상지역 외 소재 주택을 처분한다.
2) 양도차익이 적은 주택을 양도해 1주택 또는 2주택을 만든다. 양도차익이 비슷하다면 가격상승 가능성이나 발전 가능성이 낮은 주택을 먼저 양도한다.

3) 양도차익이 가장 큰 주택은 1세대 1주택 비과세를 받거나 일
시적 1세대 2주택 비과세를 받는다.

모든 주택을 양도한다는 가정하에 다음 K씨의 사례를 통해 어
떤 순서로 양도를 해야 절세가 되는지 알아보자.

주택	소재지	취득가액	시가	기준시가	보유기간	특이사항
A아파트	서울시	5억 원	20억 원	15억 원	10년	없음
B빌라	서울시	2억 원	6억 원	3억 원	4년	임대주택 등록 (18.3.31)
C단독주택	천안시	1억 원	4억 원	2억 원	15년	없음
D입주권	서울시	1억 원	5억 원	3억 원	7년	주택일 때부터 보유
E분양권	대전시	4억 원	5억 원	4억 원	1년미만	21.6.1 이후 취득

K씨는 다양한 유형의 주택을 전국에 5개 보유하고 있다. 처분
순서 1번을 적용하기 위해서는 중과가 안 되는 주택부터 확인해봐
야 한다.

K씨는 양도차익도 적으며 중과세가 적용되지 않는 천안 C단
독주택을 먼저 양도를 하는 게 좋다. 양도차익 3억 원에 보유 기간
도 15년이니 장기보유특별공제도 최대 30%로 크게 받을 수 있다.
그 다음 D입주권은 소재지가 조정대상지역이고 중과가 배제되지
만 보유 주택 수에 포함되기 때문에 양도하는 게 좋다. 입주권 보

유 기간은 입주권이 되기 전 주택일 때부터 얼마나 보유했는지 세기 때문에 장기보유특별공제를 적용받을 수 있다.

E분양권의 경우 2021년 6월 1일 이후 조정대상지역 여부 상관 없이 고정세율이 부과되므로 1년 이상 보유하다가 양도하면 된다. (1년 미만 보유하면 70%, 1년 이상 보유하면 60%)

B빌라는 장기일반민간임대주택으로서 중과가 배제되는 곳이다. 2018년 3월 31일 이전에 취득하고 취득일로부터 3개월 이내에 장기임대주택등록 및 사업자등록을 완료했다. 또 임대개시일 당시 기준시가 6억 원 이하, 임대보증금 또는 임대료 증가율 5%를 초과하지 않는 등 기타요건을 만족한 주택이다. 그래서 임대 기간 5년을 만족한다면 B빌라는 양도 시 중과가 배제되며 다른 주택 양도 시 보유주택 수에서도 제외된다.

결국 C-D-E 순서로 양도를 고려하고, B의 임대 기간을 채우면서 A 아파트를 양도하는 것이 최선이다. 그러면 고가주택 1세대 1주택으로 분류되면서 12억 원 비과세 적용, 80% 장기보유특별공제를 받을 수 있다.

29 양도 말고 다주택자의 또 다른 종부세 절세법은?

단순하게 생각해보자. 종합부동산세는 한 명이 주택 여러 채를 보유한 데 따르는 세금이다. 결국 '초특급' 핵심 절세 비법은 사실 없다. 앞서 설명한 양도 그리고 증여를 통한 방법이 효율적인 절세 비법이다. 다음의 사례를 보자.

(단위 :원)

구분	A아파트	B빌라	C아파트
소유자	남편	남편	남편
공시가격	10억	5억	5억
소재지역	조정대상지역	조정대상지역	비조정대상지역

3주택을 보유하고 있는 K씨는 종합부동산세를 절세하고자 배우자에게 50%를 증여하려 한다. 모든 주택의 지분을 각각 50%씩 증여한다면 다음과 같다.

(단위 : 원)

구분	A아파트 + B빌라 + C아파트 50% 배우자에게 증여		남편 100%소유
	남편	배우자	남편
공시가격합산액	1,000,000,000	1,000,000,000	2,000,000,000
공제금액	(600,000,000)	(600,000,000)	(600,000,000)
과세표준	400,000,000	400,000,000	1,400,000,000
종합부동산세	5,200,000	5,200,000	28,800,000
재산세중복분	(789,153)	(789,153)	(2,344,748)
결정세액	4,410,847	4,410,847	26,455,252
농어촌특별세	882,169	882,169	5,291,050
총부담세액	5,293,017	5,293,017	31,746,302

남편 혼자 100% 소유했을 때는 부담해야 할 세금 총액이 31,746,320원이지만 각각 50%씩 배우자에게 증여하고 나면 부부가 함께 부담해도 이보다 훨씬 적은 10,586,034원이다. 2천만 원이 넘는 금액을 절약할 수 있다는 얘기다. 다만 남편과 배우자 모두 종합부동산세 중과세율이 적용된다.

이번에는 남편이 B빌라와 C아파트를 그대로 보유하고, 공시가격이 가장 큰 A아파트를 전부 배우자에게 증여한다고 가정해보자. 배우자에게 증여하는 금액은 위의 사례와 마찬가지로 10억 원이지만, 이 경우 세금 부담 규모는 어떻게 달라질까? 아래의 표에서 그 결과를 알 수 있다.

(단위 :원)

구분	A아파트 100% 배우자에게 증여		남편 100%소유
	남편(B+C)	배우자(A아파트)	남편
공시가격합산액	1,000,000,000	1,000,000,000	2,000,000,000
공제금액	(600,000,000)	(600,000,000)	(600,000,000)
과세표준	400,000,000	400,000,000	1,400,000,000
종합부동산세	2,600,000	2,600,000	28,800,000
재산세중복분	(618,305)	(960,000)	(2,344,748)
결정세액	1,981,695	1,640,000	26,455,252
농어촌특별세	396,339	328,000	5,291,050
총부담세액	2,378,034	1,968,000	31,746,302

배우자에게 A아파트를 증여하니 남편과 배우자 모두 일반세율을 적용받고 그 차이는 약 2천 7백만 원에 달한다. 그리고 세부담상한율도 중과일 때는 300%이지만 일반세율의 경우 150%이기 때문에 납부하는 금액에서 더욱 차이가 난다. 이처럼 조금만 공부하면 세법을 지키면서도 쏠쏠한 액수를 아낄 수 있다.

4장

내집 보유하면서
세금 아끼는 방법

30 재산세와 종합부동산세는 어떻게 다른가요?

주택에 대한 재산세와 종합부동산세는 다음과 같은 몇 가지 측면에서 다른 점을 보인다.

1) 세금 부과 주체

재산세는 지방세, 종합부동산세는 국세다. 그래서 부과 주체도 서로 다르다. 지방세는 관할 지방자치단체에서, 종합부동산세는 관할 세무서에서 부과한다. 내가 거주하는 곳은 서울 송파구인데 경기도 김포시에 주택을 한 채 소유하고 있다면 재산세는 송파구청에서, 종합부동산세는 김포세무서에서 부과한다.

2) 납부 일정

주택분 재산세의 1/2은 매년 7월 16일부터 7월 31일까지, 나머지 1/2은 9월 16일부터 9월 30일까지 납부해야 한다. 해당 연도 납부세액이 250만 원을 초과한다면 납부세액 일부를 납부기한이 지난 날부터 2개월 이내에 분할납부할 수 있으며, 납부세액이 20만 원 이하라면 7월에 한꺼번에 납부할 수 있다.

주택분 종합부동산세는 매년 12월 1일부터 12월 15일 납부해야 한다. 납부세액이 250만 원을 초과한다면 세액 일부를 납부기한이 지난 날부터 6개월 이내에 분납할 수 있다.

구분	재산세	종합부동산세
유형	지방세	국세
부과주체	물건소재지 관할 지방자치단체	개인 주소지 관할 세무서
과세방법	물건별 개별과세	개인별 합산과세
납부기한	1차 : 7월 31일 / 2차 : 9월 30일	12월 15일
과세기준일	6월 1일	6월 1일

3) 계산구조

계산구조의 차이는 다음 비교표를 통해 정리해 보았다.

계산구조	재산세	종합부동산세
(공시가격	개별주택가격· 공동주택가격	인별 공시가격의 합계
- 공제금액)	해당 사항 없음	개인 : 6억 원(1세대 1주택 11억 원) 법인 : 해당 사항 없음 (일부 법인 제외)
x 공정시장가액비율	60%	21년 : 95%, 22년 이후 : 100%
= 과세표준		
x 세율	다음 페이지 참고*	다음 페이지 참고**
- 공제할 재산세액	해당 사항 없음	종합부동산세 과세표준 금액 에 부과된 재산세 상당액
= 산출세액		
- 세액공제	해당 사항 없음	장기보유자공제, 고령자공제
- 세부담상한초과세액	105%~130%	일반 : 150% 다주택자 : 300%
= 납부할세액		
+ 부가되는 세액	재산세 도시지역분, 지방교육세, 지역자원시설세	농어촌특별세
= 총납부세액		

＊ 지방세 세율

과세표준	표준세율	특례세율 (1주택자 공시가격 9억 원 이하)
6천만 원 이하	0.1%	0.05%
6천만 원~ 1억 5천만 원 이하	6만 원 + 6천만 원 초과분의 0.15%	3만 원 + 6천만 원 초과분의 0.1%
1억 5천만 원~ 3억 원 이하	19만 5천 원 + 1억 5천만 원 초과분의 0.25%	12만 원 + 1억 5천만 원 초과분의 0.2%
3억 원 초과	57만 원 + 3억 원 초과분의 0.4%	42만 원 + 3억 원 초과분의 0.35%

＊＊ 종합부동산세 세율

과세표준	일반		3주택 이상 or 조정대상지역 2주택	
	개인	법인	개인	법인
3억 이하	0.6%		1.2%	
3억~6억 이하	0.8%-60만 원		1.6%-120만 원	
6억~12억 이하	1.2%-300만 원	3%	2.2%-480만 원	6%
12억~50억 이하	1.6%-780만 원		3.6%-2,160만 원	
50억~94억 이하	2.2%-3,780만 원		5.0%-9,160만 원	
94억 초과	3.0%-11,300만 원		6.0%-18,560만 원	

31 재산세를 내고 종부세를 또 내야 하나요?

종합부동산세법은 재산세와 함께 이중으로 세금을 내는 경우가 없게끔 종합부동산세 과세표준 금액에서 부과된 재산세액(실제 납부금액은 아님. 종합부동산세와 과세표준이 중복되는 액수)을 공제하도록 규정하고 있다.

1) 공제할 재산세액 계산식

$$\text{공제할 재산세액} = \text{재산세 부과세액} \times \frac{\text{종합부동산세 과세표준에 부과된 표준세율 재산세액}}{\text{전체 주택에 대한 표준세율 재산세액}}$$

또 재산세와 함께 부과되는 재산세 도시지역분, 지역자원시설세, 지방교육세는 공제할 재산세액에서 제외된다.

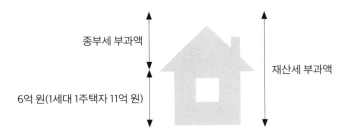

2) 공제할 재산세액 계산사례

공시가격 6억 원, 9억 원 주택 두 채를 보유하고 있는 경우 공제
할 재산세액은 다음과 같다.

① 재산세 부과세액
 = (6억 x 60% x 0.4% - 630,000) + (9억 x 60% x 0.4% - 630,000) =
2,340,000

② 종합부동산세 과세표준에 부과된 표준세율 재산세액
 = 900,000,000* x 60% x 0.4% = **2,160,000**
 *종합부동산세 과세표준 = (15억 -6억) x 100% = 900,000,000

③ 전체 주택에 대한 표준세율 재산세액
 = 15억 x 60% x 0.4% - 630,000 = **2,970,000**

④ **공제할 재산세액** = 2,340,000 x 2,160,000/2,970,000 = **1,701,818원**

32 주택 공시가격이 오르면 보유세도 그만큼 올라가나요?

2020년 11월 국토부에서는 공시가격의 낮은 시세반영(시세의 50~70%), 유형·가격대별 현실화율 격차 등 형평성 문제·불균형 문제를 해소하고자 주택공시가격 현실화 계획을 수립·발표했다. 앞으로 5년~15년에 걸쳐 주택공시가격은 시세의 90% 수준까지 오를 예정이다.

그러나 공시가격이 오른다 해서 재산세, 종합부동산세까지 끝없이 늘지는 않는다. 세부담 상한을 두고 있기 때문이다.

재산세의 세부담 상한에 관한 내용은 다음과 같다.

1) 계산구조

당해연도 공시가격을 기준으로 산출한 세액, 직전연도 부과세액에 세부담상한율을 적용해 계산한 세액 중 더 적은 금액을 부과한다.

세부담상한초과세액
= 당해연도 주택공시가격 x 공정시장가액비율(60%) x 세율
  - 직전연도 부과세액 x 세부담상한율*

*세부담상한율

주택 공시가격	세부담상한율
3억 원 이하	105%
3억 원 초과 ~ 6억 원 이하	110%
6억 원 초과	130%

2) 계산사례

시세 4억 원, 주택공시가격 2억 5천만 원, 직전연도 재산세 부과세액 15만 원, 표준세율 가정

주택공시가격	250,000,000원
x	x
공정시장가액비율	60%
=	=
과세표준	150,000,000원
x	x
세율	0.15% - 30,000원
=	=
산출세액	195,000원
-	-
세부담상한초과세액	37,500원(=195,000-150,000x105%)
=	=
납부세액	157,500원

다음은 종합부동산세 세부담 상한을 산정하는 방법이다.

1) 계산구조

종합부동산세 세부담 상한제도는 1차로 재산세 세부담 상한을 적용한 후 종합부동산세 부과 시 한 번 더 적용된다.

세부담상한초과세액

= 당해연도 재산세 + 종합부동산세 상당액
  - (직전연도 재산세 + 종합부동산세 상당액) x 세부담상한율[*]

* 세부담상한율

일반	3주택 이상자 혹은 조정대상지역 2주택자
150%	300%

종합부동산세 세부담 상한율은 지역 불문 3주택 이상 보유자와 조정대상지역의 2주택 보유자는 300%, 그 외 150%다.

2021년부터 법인(공익법인 등 일정법인 제외)에는 세부담 상한이 적용되지 않는다.

2) 계산사례

A주택 공시가격 6억 원 (조정대상지역 소재), B주택 공시가격 9억 원 (비조정대상지역 소재)

당해연도 재산세 234만 원, 직전연도 재산세 및 종부세상당액 500만 원, 그리고 세액공제를 적용하지 않는다고 가정한다면, 아래와 같이 계산된다.

공시가격의 합계	1,500,000,000원	
-	-	
공제금액	600,000,000	
x	x	
공정시장가액비율	100%	
=	=	
과세표준	900,000,000	
x	x	
세율	1.2% - 3,000,000	
=	=	
종합부동산세액	7,800,000	
-	-	
공제할 재산세액	1,701,818	
=	=	
산출세액	6,098,182	
-	-	
세액공제	0	
-	-	
세부담상한초과액	938,182	=(2,340,000+6,098,182)- (5,000,000x150%)
=	=	
납부세액	**5,160,000원**	

33 종합부동산세 계산 시 주택 수는 어떻게 산정하나요?

주택 수는 개인별 보유 주택을 기준으로 계산된다. 종부세법에서는 조정대상지역 2주택자, 지역 불문 3주택 이상자를 다주택자로 규정하고 있다.

문의가 많은 유형을 다음과 같이 정리해 보았다.

1) 과세기준일 이후 조정대상지역 해제

3주택자, 조정대상지역 2주택자는 과세기준일(6월 1일) 현재를 기준으로 분류한다. 따라서 설령 보유 주택 소재지가 조정대상지역에서 해제됐어도 과세기준일 시점에 조정대상 지역이었는지를 반드시 고려해야 한다. 역으로 과세기준일에 보유 주택 소재지가 비조정대상지역이었다면 나중에 조정대상지역이 됐어도 다주택자 중과세율을 적용받지 않는다.

> 과세기준일 현재 일시적 2주택일 경우 종합부동산세가 과세되나요?
> 2016.6.1. 현재 공시가격 합계액이 과세기준을 초과해 종합부동산세법 납세의무자에 해당되는 사실이 확인된다면, 종합부동산세법은 일시적 1세대 2주택자에 대해 과세를 제외하는 별도 규정이 없으므로 두 주택을 합산해 종합부동산세를 부과합니다.
> [조심-2017-서-0608, 2017.05.08.]

2) 상속받은 주택 [2022년 개정]

상속받은 주택이 있는 경우 이를 포함해 주택 수를 산정한다. 다만, 상속개시일부터 2년(읍·면 지역 제외한 수도권, 군 지역 제외한 광역시 외 지역은 3년)간은 종부세 세율을 적용할 것인지를 판단할 때 주택 수에서 제외한다. 기본공제, 고령자공제, 장기보유공제 적용 시에는 상속받은 주택도 주택 수에 포함된다.

구분	상속주택 없을 경우	1주택자가 주택을 상속받고 2년이 경과	1주택자가 주택을 상속받고 2년이 지나지 않은 경우
기본공제	11억 원	6억 원	6억 원
세율	0.6~3.0% (1주택자 기준)	1.2~6.0% (다주택자 기준)	0.6~3.0% (1주택자 기준)
고령자공제	o	x	x
장기보유공제	o	x	x

개정 전	개정 후
(상속주택) 소유지분 20%, 공시가격 3억 원 이하인 경우 주택 수 제외	**상속개시일부터 2년간 주택 수에서 제외** *수도권·특별시(읍·면 지역 제외), 광역시(군지역 제외) 외 지역은 3년 **지분, 가액 미고려 ※ 상속받은 분양권·조합원입주권에 의해 취득한 주택 포함

3) 농어촌주택

주택 수 산정에 포함된다.

4) 공동 소유 주택

공동으로 소유한 주택의 경우 소유자가 각각 주택을 소유한 것으로 간주한다.

5) 주택의 부속토지만 소유

주택의 부속토지만 소유한 경우도 보유 주택 수에 포함된다. 단, 1주택 소유자가 다른 주택의 부속 토지를 보유하고 있다면 1주택자로 간주하고 과세기준금액 11억 원을 적용한다.

6) 합산배제 주택

임대개시일 당시 공시가격이 6억 원(수도권 외 3억 원) 이하인 주택으로서 세무서와 시·군·구청에 등록하고 일정 기간 이상 임대 등 요건을 갖춘 임대주택에 대해서는 종부세 세율 적용 여부를 판단할 때 주택 수에서 제외한다.

다주택자 주택 수 산정 예시

구분	본인 주택 보유 수			일반/ 다주택자 판단
	조정지역	조정지역 외	합산배제	
1	1채	1채	1채	일반
2	1채	2채		다주택자
3	부속토지1	2채		다주택자
4	2채			다주택자
5	1채	1채, 부속토지1		다주택자
6	1채	부속토지1	1채	일반

34 1세대 1주택자는 보유세를 안 내도 되나요?

종합부동산세법상 1세대 1주택자란 세대원 중 1명만이 주택분 재산세 과세대상인 1주택만을 소유한 경우를 가리킨다.

상황에 따른 주택 수 계산 방법을 정리해 보았다.

1) 합가

① 혼인

혼인한 날부터 5년 동안은 각각을 1세대로 보아 주택 수를 계산한다.

예를 들어 A가 공시가격 5억 원짜리 주택, B가 공시가격 6억 원짜리 주택을 각각 1채씩 보유한 상태에서 혼인을 했다면, 5년간은 각각을 1세대로 보고 종합부동산세를 부과하지 않는다.

② 동거봉양

과세기준일 현재 만 60세 이상의 직계존속과 합가하는 경우 합가한 날부터 10년간은 각각 1세대로 보아 주택 수를 계산한다. 다만 합가 당시 만 60세 미만이었으나 합가한 이후 만 60세가 됐다면 합가한 날부터 10년의 기간 중 만 60세 이상인 기간만 각각 1세대로 보고 주택 수를 계산한다.

2) 비거주자, 법인
① 비거주자
비거주자가 국내에 1주택을 보유한 경우, 거주자 요건을 미충족하므로 1세대 1주택자에 해당하지 않는다.

② 법인
법인이 국내에 1주택을 보유한 경우, 1세대 1주택자에 해당하지 않는다.

3) 배우자와 1주택을 공동소유하는 경우
부부 공동명의 1주택이라면 종부세의 원칙에 따라 일반적인 공제 적용을 받는 방법, 별도의 1주택자 적용 신청으로 특례 혜택을 받는 방법 중 유리한 방법을 선택해볼 수 있다.

종합부동산세는 각 개인에 대하여 과세하므로 부부 공동명의 여도 각각 1주택 보유로 취급하고 기본공제 6억 원을 적용하는 것이 원칙이다. 보유 주택의 공시가격이 12억 원 이하라면 이 방법이 비교적 유리할 수 있다. 대신 1주택자는 아니게 되므로 고령자세액공제와 장기보유자세액공제를 적용받을 수 없다.

1주택자 적용 신청은 부부 중 지분율이 큰 사람이 납세의무자가 되고(지분율이 같으면 둘 중 한 명을 선택) 납세의무자의 주택 보유 기간, 나이 등 요건에 따라 고령자세액공제와 장기보유자세액공제를 받는 방법이다. 11억 원의 기본공제도 적용된다. 매년 9월 16일부터 9월 30일까지 관할 세무서에 신청하면 되고, 최초 신청 이후 변동사항이 없다면 추가 신청을 할 필요는 없다. 보유한 주택 공시가격이 12억 원을 초과한다면 납세의무자가 세액공제를 얼마나 받을 수 있을지 계산해 본 다음 효과적인 방법을 고르면 되겠다.

4) 주택 부속토지를 소유하는 경우

주택의 부속토지만 소유한 것도 주택 보유로 취급된다. 다만, 1주택 소유자가 다른 주택의 부속토지를 보유하면 1주택자로 간주해 과세기준금액 11억 원을 적용한다.

구분	본인 보유 수		세대원 보유 수		과세기준금액
	주택	부속토지	주택	부속토지	
1		1			6억 원
2	1				11억 원
3	1	1			11억 원
4	1			1	6억 원

5) 합산배제 주택 소유

임대개시일 당시 공시가격이 6억 원(수도권 밖 3억 원) 이하고 세무서와 시·군·구청에 등록했으며 일정한 기간 이상 임대 등 요건을 갖춘 임대주택은 1세대 1주택자 판정 시 주택 수에서 제외한다. 다만, 합산배제 주택 외에 1주택만을 소유하고 있더라도 해당 1주택에 납세자 본인이 주민등록을 했고 실제 거주해야 1세대 1주택에 해당한다.

6) 상속받은 주택

7) 농어촌주택

6)과 7) 모두 주택수에 포함되는 주택들이다.

8) 공동 소유 주택

각각 주택을 소유한 것으로 보아 다른 사람과 함께 소유하더라도 본인의 주택 수에 포함된다.

(9) 고가주택

1세대 1주택자여도 공시가격이 11억 원을 초과한다면 초과분에 대한 종부세가 부과된다.

1세대 1주택 판단 사례

구분	본인 보유	배우자 보유	1세대 1주택자 판단 (본인)
1	주택1	부속토지1	x
2	주택1, 부속토지1		o
3	주택 1/2	주택 1/2	△ *
4	주택1, 부속토지1	부속토지1	x
5	주택1, 합산배제주택1		o
6	주택1	합산배제주택1	o
7	주택 1/2	주택1	x
8	부속토지1	부속토지1	x

＊ 부부가 같은 주택을 보유하고 있고, 1주택자 적용 신청을 한다면
1세대 1주택자로 간주됨

35 다주택자는 임대사업자 등록을 하는 게 유리한가요?

본인이 다주택자라면 보유 주택 중 일부를 임대주택으로 등록했을 때 종합부동산세 계산 시 합산에서 배제되고 세제 혜택을 받을 수 있으므로, 임대주택 요건과 실익을 고려한 뒤 임대사업 등록을 검토하는 방법도 있다.

1) 임대주택 요건

과세기준일(6월 1일) 현재 지방자치단체에 임대사업자등록을 하고 세무서에 사업자등록을 해야 한다. 다만 6월 1일 임대업등록 및 사업자등록을 하지 못 하더라도 9월 30일까지 합산배제 신고를 완료하면 합산배제를 받을 수 있다.

단, 2018년 9월 14일 이후 조정대상지역 내 주택을 취득하는 경우 임대주택으로 등록해도 합산배제 혜택을 받을 수 없음을 주의해야 한다. 또 2020년 8월 18일 이후부터 아파트는 더 이상 임대주택으로 등록할 수 없으며, 아파트 외 주택은 무조건 장기임대주택으로만 등록할 수밖에 없다.

2) 공시가격
임대개시일 당시 공시가격은 6억 원(비수도권 3억 원) 이하여야 한다.

3) 의무 임대 기간
① 2018년 3월 31일 이전에 등록한 단기임대주택과 장기임대주택 : 5년 이상
② 2018년 4월 1일 ~ 2020년 8월 17일 등록한 장기임대주택 : 8년 이상
③ 2020년 8월 18일 이후에 등록한 장기임대주택 : 10년 이상

4) 임대료 증액 제한
2019년 2월 12일 이후 임대차계약을 갱신하거나 새로 체결하는 경우 임대료(임대보증금)를 기존 임대료(임대보증금)의 5% 이상 올릴 수 없다.

임대료·임대보증금 인상률 산정방법

인상률 = [(갱신 후 환산보증금 - 기존 환산보증금) / 기존환산보증금] × 100

환산보증금 = 임대보증금 + [(월 임대료 × 12) / 2.5%*]
*과세기준일의 한국은행 기준금리 0.5% + 주택임대차보호법 산정률 2.0%

만약 임대사업자가 임대료 증액제한 요건을 위반하면 위반한 당해 연도와 다음 연도까지 합산배제 혜택을 받을 수 없고, 의무 임대 기간 내 임대료 증액제한 요건을 위반하면 이미 합산배제로 경감받은 세액도 추징된다.

◇ 임대주택 합산배제 시기별 요건

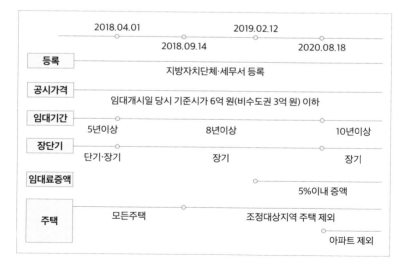

5) 자진말소·자동말소로 인한 종합부동산세 합산배제 감면세액 추징 여부

2020년 8월 18일 이후 단기임대주택으로 등록한 주택, 장기임대주택으로 등록한 아파트는 의무 임대 기간이 지나지 않았어도 등록을 자진 말소할 수 있다. 이때 합산배제는 적용받을 수 없지만 법 개정 때문에 불가피한 말소이므로 공시가격 요건, 증액제한 요건 등을 충족한다면 과거에 감면받은 세액은 추징되지 않는다.

또 민간임대주택법상 의무 임대 기간이 지나면 임대사업자 등록이 자동 말소된다. 자진말소가 아닌 자동말소로 종합부동산세법상 의무 임대 기간을 충족하지 못 하는 때도 공시가격 요건과 증액제한 요건 등을 충족한다면 과거에 감면받은 세액은 추징되지 않는다.

36

1주택자와 다주택자는 종합부동산세 계산법이 다른가요?

재산세는 물건별로 부과되기 때문에 주택 수와 상관없이 부과되는 세금이다. 종합부동산세는 1인당 주택을 합산해 부과되기 때문에 1주택자인지, 다주택자인지에 따라 세액이 달라질 수 있다.

아래 표는 1세대 1주택자와 다주택자에게 다르게 적용되는 종부세의 요소들을 비교·정리한 것이다.

구분	1세대 1주택자	다주택자
과세기준금액	11억 원	6억 원
세율	0.6%~3%	1.2%~6%
세액공제	장기보유자공제, 고령자공제	없음
세부담상한	150%	300%

1) 과세기준금액

종합부동산세법상 1세대 1주택자는 공시가격에서 11억 원을 공제한 가액에 공정시장가액비율을 곱해 과세표준을 계산한다.

다주택자(조정대상지역 2주택 보유자, 지역 불문 3주택 이상 보유자)를 비롯한 일반적인 경우는 공시가격에서 6억 원을 공제한 가액에 공정시장가액비율을 곱해 과세표준을 계산한다. 그러므로 1세대 1주택자는 주택 공시가격이 11억 원을 초과할 경우, 다주택자는 공시가격이 6억 원을 초과할 경우 종합부동산세를 부담한다.

2) 세율

1세대 1주택자를 포함해 일반적으로는 0.6%~3%의 기본세율이 적용된다. 다주택자에게는 1.2%~6%의 중과세율이 적용된다.

3) 세액공제

1세대 1주택자는 과세기준일(6월 1일)을 기준으로 만 60세 이상이면 고령자공제를, 주택 보유 기간이 5년 이상이면 장기보유자공제를 받을 수 있다. 해당 공제들은 1세대 1주택자만이 받을 수 있는 혜택이며 다주택자에게는 적용되지 않는다.

4) 세부담상한

부동산가격 상승으로 인한 납부세액 급등을 막기 위해 만든 세부담상한도 1세대1주택자, 다주택자에게 다르게 적용된다. 1세대 1

주택자를 포함해 일반적으로는 세부담상한이 150% 적용되며, 다주택자의 경우 2배 높은 300%의 세부담상한이 적용된다.

5장

행복한 미래를 위한
상속세, 증여세
절세법

37 증여세와 상속세는 무엇이 다른가요?

증여와 상속의 주된 차이는 자산의 소유주가 자산을 이전하는 시점이 각각 생전, 사망 후라는 점이다. 그밖의 다른 점들은 다음 표와 같다.

증여세와 상속세 비교

구분	증여세	상속세
과세대상	주택을 생전에 타인에게 무상 이전·사용하게 하거나 저가로 이전·사용하게 하는 경우	피상속인이 거주자인 경우 : 국내외 모든 상속재산 피상속인이 비거주자인 경우 : 국내에 있는 모든 상속재산

납세 의무자	타인으로부터 주택을 증여받은 자(수증자)	상속으로 재산을 취득한 자 (상속인), 유증·사인증여를 받은 자(수유자)
신고· 납부기한	주택을 취득한 날이 속하는 달의 말일부터 3개월 이내	상속개시일이 속하는 달의 말일부터 6개월 이내
재산가액 평가	1순위 : 증여일 전 6개월부터 증여일 후 3개월 이내 매매사례가액 감정가액, 경매가액 등 2순위 : 보충적평가액 (공시가격)	1순위 : 상속개시일 전후 6개월 이내 매매사례가액, 감정가액, 경매가액 등 2순위 : 보충적평가액(공시가격)
증여재산 가산액	증여일 전 10년 이내에 동일인으로부터 증여받은 증여세 과세가액의 합계액이 1천만원 이상인 경우 그 과세가액 가산 (증여자가 직계존속인 경우 그 배우자도 동일인으로 봄)	상속개시일 전 10년 이내에 피상속인이 상속인에게 증여한 재산가액, 상속개시일 전 5년 이내에 피상속인이 상속인이 아닌 자에게 증여한 재산가액
재산공제	배우자 :6억원 직계존속 : 5천만원 (수증자 미성년자 : 2천만원) 직계비속 : 5천만원 기타친족 : 1천만원 그 외 : 없음	·(기초공제+그밖의 인적공제)와 일괄공제 5억 중 큰 금액 ·배우자공제(최소 5억) ·동거주택상속공제 : 한도 6억
세액공제	납부세액공제, 외국납부세액공제, 신고세액공제	증여세액공제, 외국납부세액공제, 신고세액공제

1) 재산가액 평가

증여나 상속은 양도와는 달리 자산이 무상 이전되는 것이므로 재산가액을 산정하는 기준이 필요하다. 주택을 무상으로 이전 받은 경우 주택의 가액은 증여일(상속일) 현재 시가에 따른다.

시가란 불특정 다수가 자유롭게 거래할 때 통상 성립된다고 인정되는 가액이다. 증여일 전 6개월부터 증여일 후 3개월까지(상속 개시일 전후 6개월 이내) 해당 주택 혹은 유사한 주택에 대한 매매가액, 감정가액, 수용가액, 공매·경매가액이 있다면 그 가액을 시가로 본다. 이러한 해당가액이 없는 경우에는 공시가격에 따라 주택가액을 산정한다. 평가 기간 중 시가로 보는 가액이 둘 이상일 때는 평가 기준일 전후 가장 가까운 날에 해당하는 가액을 시가로 본다.

2-1) 증여재산공제

거주자가 주택을 증여받을 경우 증여세 과세가액에서 10년간 합산해 증여재산공제를 받는다. 예를 들어 2011년 아버지로부터 1억 원, 2018년 어머니로부터 2억 원을 증여 받았다면 2011년 5천만 원, 2018년 5천만 원 공제받는 것이 아니다. 10년 이내의 증여재산가액 합계액인 3억에 대해서 5천만 원을 공제받는 개념이다. 배우자공제는 6억 원을 한도로 공제받고, 사실혼 관계는 배우자공제를 받을 수 없다. 한편 며느리나 사위는 직계존비속이 아닌 기타 친족에 해당한다.

2-2) 상속공제

기초공제와 그 외 인적공제

기초공제 2억 원과 그 외 인적공제의 합계액이 5억 원보다 적다면 5억 원을 일괄 공제받을 수 있다.

구분		공제액
기초공제		2억 원
그 외 인적공제	자녀공제	1인당 5천만 원
	미성년자(19세미만)공제	1인당 1천만 원 x 19세가 될 때까지의 연수
	연로자(65세이상)공제	1인당 5천만 원
	장애인공제	1인당 1천만 원 x 기대여명 연수

배우자공제

배우자상속공제액 = 괄호 중 작은 액수(배우자가 실제 상속받은 금액*, 배우자 법정상속분에 해당하는 금액**, 30억)

　　* 배우자가 실제 상속받은 금액이 없거나 상속받은 금액이 5억 원 미만인 경우 5억 원 공제

　　** 상속재산의 가액 x 배우자의 법정 상속 지분 – 배우자에게 상속 개시 전 10년 내 증여한 재산에 대한 과세표준

동거주택상속공제

상속공제액 = 괄호 중 작은 액수(동거주택가액(부수토지 포함) x 100%, 6억 원)

3) 세액공제

납부세액공제, 증여세액공제

납부세액공제와 증여세액공제는 비슷한 듯 하지만 다르다.

납부세액공제는 증여일 전 10년 이내 동일인으로부터 증여받은 재산이 있어 그 증여재산가액을 가산한 경우, 가산한 증여재산가액에 대한 납부세액을 증여세 산출세액에서 공제하는 것이다.

증여세액공제는 상속개시일 전 10년 이내 피상속인이 상속인에게 증여한 재산가액을 상속증여재산에 가산한 경우, 가산한 증여재산에 대한 증여세 산출세액 상당액을 상속세 산출세액에서 공제하는 것이다.

외국납부세액공제

외국 소재 증여 재산(상속 재산)에 대해 외국 법령에 따른 증여세(상속세)를 부과받은 경우 그 부과받은 증여세(상속세)만큼을 산출세액에서 공제해 준다.

신고세액공제

신고기한 내 증여세(상속세) 신고를 하는 경우 산출 세액의 3%를 공제한다.

38

상속세와 증여세의 계산 구조는 어떻게 다른가요?

이 두 가지 세금을 계산하는 큰 틀은 비슷하다. 재산가액에서 사전증여재산을 가산하고 채무 등을 차감한 뒤 일정 금액을 공제해 과세표준을 산정한다. 세율도 증여세와 상속세 모두 동일하다. 납부할 세액은 과세표준에서 세율을 곱해 계산된 산출세액에서 세액공제를 차감한 금액이다. 상세 내용은 아래 표와 같다.

구분	증여세	상속세
재산가액	무상 이전(사용) 재산, 저가 이전(사용) 재산	본래 상속재산 + 간주 상속재산 + 추정 상속재산
-		
비과세 및 과세가액 불산입액	해당사항 없음	비과세 : 문화재 등 과세가액 불산입액 : 공익법인 출연재산 등
-		
공과금 및 장례비 및 채무	채무 : 보증금, 주택담보대출 등 채무인수액	공과금 · 장례비 · 채무
+		
사전 증여재산	10년 내 동일인으로부터 증여받은 증여세 과세가액	10년 내 상속인에게 증여한 재산가액 5년 내에 상속인 아닌 자에게 증여한 재산가액
=		
과세가액		
-		
공제	배우자 : 6억원 직계존속 : 5천만원 직계비속 : 5천만원 기타친족 : 1천만원	·(기초공제+그밖의 인적공제) or 일괄공제 5억 ·배우자공제 ·동거주택상속공제
=		
과세표준		
X		

세율	과세표준	세율	누진공제
	1억 이하	10%	-
	1억 ~ 5억 이하	20%	1천만원
	5억 ~ 10억 이하	30%	6천만원
	10억 ~ 30억 이하	40%	1억6천만원
	30억 초과	50%	4억6천만원

=

산출세액		

+

세대생략 할증세액	증여자·상속인이 수증자·피상속인의 자녀가 아닌 직계비속인 경우 30% 가산. 다만, 직계비속이 사망해 그 사망자의 직계비속이 수증(상속)받은 경우는 할증 없음 *예를 들어 손자의 아버지가 사망한 상태에서 할아버지가 손자에게 증여(상속)하는 것

−

세액공제	납부세액공제, 외국납부세액공제, 신고세액공제	증여세액공제, 외국납부세액공제, 신고세액공제

=

납부할세액		

39

주택을 자녀에게 증여하는 게 좋을까요? 상속하는 게 좋을까요?

자녀를 둔 납세자 혹은 물려받을 재산이 있는 납세자들이 많이 하는 질문이다. 무엇이 꼭 유리하다고 단정하기보다 자녀 수, 증여자의 생존 예상 기간, 보유한 재산, 배우자 유무 등을 종합적으로 검토해 판단하는 것이 바람직하다.

상속세를 부과하는 방식은 크게 유산과세형, 취득과세형으로 나뉜다.

유산과세형은 피상속인의 유산총액을 기준으로 누진과세 한 다음, 공동상속인이 상속받은 재산비율에 따라 나누어 내는 방식이다. 취득과세형은 상속인 각자의 취득가액을 기준으로 누진과세하는 방식이다.

이 중 우리나라는 유산과세형 방식을 채택하고 있으므로 생전에 사전증여 없이 많은 재산을 상속으로 물려주면 누진세율이 적용되면서 상속인들이 많은 세금을 부담하게 된다. 그러므로 상속세 절세를 위해서는 일부 재산을 사전증여함으로써 상속세 적용세율을 낮추는 것이 유리하다.

1) 사전증여가 유리한 경우

바로 앞의 표에서 다뤘듯 상속세 과세가액에는 피상속인의 사망 당시 보유한 재산뿐만 아니라 사전 증여한 재산(10년 이내 상속인에게 증여한 재산가액, 5년 이내 상속인 아닌 자에게 증여한 재산가액)도 합산된다. 증여 당시의 증여세 산출세액 상당액은 상속세 산출세액에서 차감한다.

그러므로 상속인에게 사전증여한 날부터 10년 이상 경과한 후 상속이 개시된다면 증여가액은 상속재산에 합산되지 않는다. 그리고 사망 전 10년 이내에 증여했어도 상속재산 가액에 합산되는 금액은 상속개시일 당시의 금액이 아닌 증여 당시 금액이므로 증여한 물건의 가액이 상승한 경우 상속세를 절약할 수 있다.

며느리·사위는 상속인 아닌 자에 포함되므로 이를 잘 활용한다면 상속인에게 증여하는 것보다 5년을 아낄 수도 있다.

다음 사례를 보자.

상속 당시 아버지 부동산 200억 원 보유

상속개시 전 자녀 두 명에게 사전증여한 재산가액 150억 원(상
속 당시 가액은 190억 원), 증여세 납부세액 70억 원

(단위 : 원)

① 사전증여하지 않았을 경우 상속세와 증여세
상속세 : [{ (200억 + 190억) − 5억 } x 50% − 460,000,000] x (1 −
3%)
= 18,226,300,000원
증여세 : 0
상속세 + 증여세 = 18,226,300,000 + 0 = **18,226,300,000**

② 사전증여 후 10년 이내에 상속 개시됐을 경우 상속세와 증여세
상속세 : [{ (200억 + 150억) − 5억 } x 50% − 460,000,000 −
7,000,000,000] x (1 − 3%) = 9,496,300,000
증여세 : 7,000,000,000
상속세 + 증여세 = 9,496,300,000 + 7,000,000,000 =
16,496,300,000

③ 사전증여 후 10년 이상 경과 뒤 상속 개시됐을 경우 상속세와 증여세
상속세 : [{ 200억 − 5억 } x 50% − 460,000,000] x (1 − 3%)
= 9,011,300,000
증여세 : 7,000,000,000
상속세 + 증여세 = 9,011,300,000 + 7,000,000,000 =
16,011,300,000

이처럼 같은 부동산이라도, 사전증여를 하는 경우와 사전증여 없이 모두 상속하는 경우의 세액에는 커다란 차이가 생긴다. 상속가액이 클수록 높은 세율을 적용받는 금액이 커지므로 사전증여, 상속으로 분산해 내는 것이 유리하다.

2) 상속이 유리한 경우

그런데 오히려 사전증여 없이 재산을 상속받으면 더 유리할 때도 있다.

증여세와 상속세의 계산구조 중 가장 큰 차이점은 바로 공제액이다. 증여세는 배우자에게 증여할 경우 배우자공제가 6억 원으로 정해져 있다. 하지만 상속세의 배우자공제액은 아래 계산방법처럼 배우자가 상속받는 금액에 따라 달라지며, 배우자가 실제 상속받는 금액이 없어도 최소 5억 원을 공제받을 수 있다.

배우자상속공제액 = 괄호 중 작은 액수(배우자가 실제 상속받은 금액*, 배우자 법정상속분에 해당하는 금액**, 30억)
＊배우자가 실제 상속받은 금액이 없거나 상속받은 금액이 5억 원 미만인 경우 5억 원 공제
＊＊상속재산의 가액 x 배우자의 법정상속지분 - 배우자에게 상속개시 전 10년 내 증여한 재산에 대한 과세표준

다음은 상속이 유리한 사례이다.

상속 당시 아버지 부동산 8억 원 보유 (배우자 있음)

상속개시 전 자녀에게 사전증여한 재산가액 5억 원(상속 당시 가액은 6억 원), 증여세 납부세액 8천만 원

상속 당시 아버지가 보유하고 있는 부동산은 모두 자녀가 상속받음.

(단위 : 원)

① 사전증여하지 않았을 경우 상속세와 증여세
상속세 : [{ (8억 + 6억) – 5억 – 5억(배우자 공제) } x 20% – 10,000,000] x (1 – 3%) = 67,900,000원
증여세 : 0
상속세 + 증여세 = 67,900,000 + 0 = **67,900,000**

② 사전증여 후 10년 이내에 상속 개시됐을 경우 상속세와 증여세
상속세 : [{ (8억 + 5억) – 5억 – 5억 } x 20% – 10,000,000 – 80,000,000] x (1 – 3%) = 0원
증여세 : 80,000,000
상속세 + 증여세 = 0 + 80,000,000 = **80,000,000**

③ 사전증여 후 10년 이상 경과 뒤 상속 개시됐을 경우 상속세와 증여세
상속세 : { (8억 – 5억 – 5억) x 20% – 10,000,000 } x (1 – 3%) = 0원
증여세 : 80,000,000
상속세 + 증여세 = 0 + 80,000,000 = **80,0000,000**

즉, 사전증여하지 않고 모든 재산을 상속받았을 때의 총액이 더 적은 것을 알 수 있다.

다시 정리하면, 사전증여가 유리한 경우는 높은 세율을 적용하는 금액을 최대한 줄일 수 있는 상황(재산가액이 큰 경우)이 대부분이다. 반면 사전증여가 불리한 경우는 상속세 계산 시 적용받을 수 있는 공제액과 재산가액의 차이가 크지 않은 경우다.

이처럼 각자의 상황에 따라 취할 방식이 다르니 미리 계획을 세워 관리하는 것이 효과적으로 절세할 수 있는 방법이다.

40 부담부증여를 하면 세금을 줄일 수 있나요?

　　부담부증여는 주택을 증여받으면서 주택에 낀 대출이나 전세보증금 등 채무를 같이 인수하는 것이다. 따라서 대출 등 채무는 증여받는 사람이 갚아야 한다.

　　부담부증여가 유리한지, 불리한지를 가늠하는 핵심은 주택가액이 아닌 채무액에 있다. 양도소득세는 채무액에 부과되는데, 해당 주택이 1세대 1주택 비과세 특례를 받는다면 납부할 양도소득세는 없을 것이다. 그러나 양도차익이 큰 주택, 조정대상지역 내다주택 중과 적용 주택이라면 양도소득세 부담액이 클 것이다.

　　다음은 부담부증여가 불리한 경우와 유리한 경우를 나타낸 표이다.

부담부증여가 불리한 경우

조정대상지역에 주택을 두 채 보유한 A씨는 한 채를 아들에게 증여할 예정이다.
증여주택의 시가는 10억 원, 취득가액 2억 원, 전세보증금이 5억 원이다.

- 단순증여
  증여세 : (10억 - 5천만) x 30% - 6천만 = 225,000,000원
  양도세 : 0
  증여세 + 양도세 = **225,000,000원**
- 부담부증여
  증여세 : (10억 - 5억 - 5천만) x 20% - 1천만 = 80,000,000원
  양도세 : {(10억 - 2억) x 5억/10억 - 250만} x 50% - 25,400,000 = 173,350,000원
  증여세 + 양도세 = 80,000,000 + 173,350,000 = **253,350,000원**

부담부증여 시 부담 세액이 더 크므로 단순증여가 유리하다.

부담부증여가 유리한 경우

일반주택 1채, 상속주택 1채를 보유 중인 B씨는 딸에게 일반주택을 증여하려고 한다.
일반주택 시가는 9억 원, 취득가액 2억 원, 전세보증금이 5억 원이다.

- 단순증여
  증여세 : (9억 - 5천만) x 30% - 6천만 = 195,000,000원
  양도세 : 0
  증여세 + 양도세 = **195,000,000원**
- 부담부증여
  증여세 : (9억 - 5억 - 5천만) x 20% - 1천만 = 60,000,000원
  양도세 : 0 (1세대1주택 비과세 적용)
  증여세 + 양도세 = 60,000,000 + 0 = **60,000,000원**

단순증여 시 부담 세액이 더 크므로 부담부증여가 유리하다.

부담부증여를 통해 인수한 채무액 등 자료는 국세청 전산망에 입력되어 사후관리 대상이 된다. 금융채무나 임대보증금, 개인 간 채무 관계 등 채무액이 변동되거나 상환되었을 경우, 어떤 자금으로 상환되었는지 확인하기 위해서다. 만일 출처 없이 채무가 상환되었다면 국세청에서 소명 자료를 요청하고, 제3자가 상환했다면 증여세를 부과한다.

만일 부담부증여로 주택을 증여받은 자녀의 대출 상환 능력이 부족해 부모가 대신 대출을 상환했다면 상환일이 속하는 달의 말일로부터 3개월 이내 증여세를 신고해야 신고세액공제를 받고 가산세를 내지 않는다.

따라서 부담부증여를 해야 할지 고민이라면 부담부증여와 단순증여의 세액 비교뿐만 아니라 증여받는 사람의 채무 상환 능력도 고려해 결정하는 것이 좋다.

41 주택을 상속받았는데 비과세가 가능할까요?

본인이 소유한 주택을 양도하려고 했는데 부모님 중 한 분이 돌아가시고 주택을 상속받았다면 2주택자가 된다. 세법에서는 이런 갑작스러운 경우에 대해 1세대 2주택 비과세 특례규정을 두고 있다. 즉, 부모님께 상속받은 주택을 먼저 양도하면 비과세 혜택을 받을 수 있다.

수원의 1주택을 보유한 A씨는 아버지가 소유한 서울 주택에서 같이 살고 있다. 과거부터 아버지와 계속 살았고 특별한 세대 분리 요건에 해당하지 않았다.

이때, A씨는 아버지와 동일 세대고 1세대 2주택자로 분류된다. 따라서 아버지가 돌아가시기 전에 세대 분리를 하거나 요건을 갖취야 상속주택 특례를 받을 수 있다. 하지만 동거봉양을 목적으로 아버지와 합가한다면 동거봉양 합가일 이전에 보유한 일반주택은 비과세 특례를 받을 수 있다.

그렇다면 할아버지가 손자에게 집을 바로 상속하라는 유언을 남겼다면 이때도 비과세 적용이 가능할까? 상속주택 1세대 2주택 비과세 특례는 자녀 상속에만 적용할 수 있다. 손자가 상속받는 경우는 상속주택 특례에 해당하지 않는다. 다만, 대습상속(상속 개시 이전에 사망 또는 결격으로 인해 상속권이 없어진 경우에 그 사람의 직계비속이 상속하는 일)의 경우는 상속주택 특례를 받을 수 있다.

부모님 사망 당시 부모님의 주택이 2채 이상인 경우는 어떻게 특례가 적용될까?

그렇다면 다음의 순서에 따르고 1개 주택만 상속주택으로 특례 적용을 받을 수 있다.

1) 피상속인이 가장 오랫동안 보유한 주택
2) 보유한 기간이 같다면 피상속인의 거주기간이 가장 긴 주택
3) 보유한 기간과 거주한 기간이 모두 같다면 상속 당시 거주한 주택
4) 보유한 기간은 같고 거주한 주택이 없다면 기준시가가 가장 높은 주택
5) 위 4번에서 기준시가까지 같다면 상속인이 1주택을 선택

다시 말해서 상속주택(부모님 사망 당시 주택)과 일반주택(부모님 사망 당시 내가 보유하고 있던 주택) 중 일반주택을 먼저 양도해야 1세대 1주택 비과세를 받을 수 있다. 상속주택을 먼저 팔면 2주택자로 분류되고 양도소득세가 부과된다. 그리고 조정대상지역에서 5년 있다가 상속주택을 팔면 다주택자 중과세 대상이므로 주의해야 한다.

한편 피상속인이 2명 이상일 때 상속주택의 지분을 나눠 받는 경우가 있다. 이렇게 여러 사람이 공동 소유하는 1주택을 공동상속주택이라고 한다. 공동상속주택의 소유자는 가장 큰 지분을 받은 상속인이 되는 경우가 일반적이다. 그러나 지분의 비율이 같다면 해당 주택 거주자, 거주자가 없다면 연장자가 소유자다.

사망일 당시에 보유한 주택에만 비과세가 적용된다는 점도 알아두어야 한다. 과거에는 무주택자가 상속주택, 일반주택을 연이어 취득하고 여러 번 사고 팔며 비과세 혜택을 받기도 했다. 하지만 매번 비과세 특례를 적용받는 것을 막기 위해 2013년 2월 15일 이후 취득한 주택부터 사망일 당시 보유한 주택만 비과세가 가능하도록 개정이 되었다.

42 상속받은 주택을 양도하고 싶은데 절세 방법이 있나요?

상속받은 주택은 양도 시기, 주택 양도 순서에 따라 부담하는 세액이 달라진다.

1) 상속개시일로부터 6개월 이내 상속주택을 양도하는 경우

이때는 양도 금액이 상속가액이 된다. 상속받은 주택의 소득세 법상 취득가액은 상속가액이므로 상속개시일로부터 6개월 이내 에 양도할 경우 취득가액과 양도가액이 같아서 양도소득세는 발생하지 않는다.

[예시]

상속개시일 2021년 3월 11일

양도일　2021년 7월 10일

상속주택의 상속재산가액 20억 원

-> 주택의 양도가액·취득가액 20억 원, 양도차익 0원

　　(상속주택 취득세를 고려하면 양도차손 발생)

다만, 상속주택 외 상속재산가액이 높은 경우 주의해야 한다. 매매가액이 없다면 다른 평가 방법을 적용해 상속가액을 낮출 수 있는데 상속개시일 6개월 이내에 양도해 상속가액을 높일 경우 상속재산가액, 상속세 부담도 커진다. 감소한 양도소득세와 증가한 상속세를 비교해 상속주택 양도 여부를 선택해야 한다.

2) 상속개시일로부터 5년 이내 상속주택을 양도하는 경우

일반주택, 상속주택을 보유하다가 상속주택을 상속개시일 이후 5년 내 양도하면 1세대 1주택 비과세 혜택은 없으나 다주택자 중과 부담 또한 없다.

3) 상속주택이 2채 이상인 경우

주택을 2채 이상 상속받았다면, 양도 순서에 따라 양도세 액수가 크게 달라지므로 상속주택 특례를 받는 주택을 고려해 양도하는 것이 유리하다.

특례 주택은 다음 순서로 정해진다.

1. 피상속인의 소유 기간이 가장 긴 1주택

2. 피상속인의 소유 기간이 같은 주택이 2개 이상일 경우 피상속인 거주 기간이 가장 긴 1주택

3. 피상속인 소유 기간, 거주 기간이 모두 같은 주택이 2개 이상일 경우 상속 개시 당시 피상속인이 거주한 1주택

4. 피상속인 거주 사실이 없고 소유 기간은 같은 주택이 2개 이상일 경우 기준시가가 가장 높은 1주택(기준시가가 같으면 상속인이 선택하는 1주택)

이해를 돕기 위해 사례를 첨부했다.

A씨는 아버지로부터 주택b(보유 기간 10년, 조정대상지역), 주택c(보유 기간 3년, 조정대상지역) 두 채를 상속받았고 이 외에 원래 소유한 일반주택 a(조정대상지역)까지 세 채를 보유 중이다. 다음 순서로 양도하면 절세의 효과를 높일 수 있다.

1. 상속주택 특례를 받을 수 없는 주택 양도
상속주택 특례는 한 채만 적용받을 수 있다. 보유 기간이 긴 주택b가 상속주택 특례 대상이므로 주택 c를 먼저 양도한다. 다주택 중과가 적용된다.

2. 원래 보유한 일반주택 양도
일반주택을 이어서 양도한다면 주택b는 없는 것으로 분류되어 1세대 1주택 비과세 특례를 받을 수 있다.
만약 b를 처음에 양도하면, 2주택자로 분류되고 일반주택 양도 시 1세대 1주택 비과세 특례를 받을 수 없다.

3. 상속주택 특례를 받는 주택 양도
남은 주택 b를 1세대 1주택 요건을 갖추어 양도한다면 비과세 혜택을 받을 수 있다.

43 부모님 명의 주택에서 무상으로 거주 중인데 증여세를 내야 하나요?

자녀가 결혼할 때 부모 명의의 주택을 증여받으면 자녀는 증여세를 내야 한다. 아울러 부모 명의의 주택에서 자녀가 무상으로 거주하거나, 자녀가 대출을 받기 위해 부모 명의 주택을 담보로 삼는 경우도 자녀에게 증여세가 과세된다.

1) 타인의 부동산 무상사용에 따른 이익의 증여

타인의 부동산을 무상으로 사용하고 이익을 얻은 경우 해당 이익만큼 증여받은 것으로 보아 증여세가 과세된다. (그 부동산 소유자와 함께 거주하는 주택과 그에 딸린 토지는 제외)

다만, 특수관계인이 아닌 자끼리의 거래인 경우 관행상 정당한 사유가 없는 경우에 한정해 적용한다.

증여재산가액

타인의 부동산을 무상사용한 경우, 1억 원 이상의 이익을 누렸을 때만 증여세 과세의 대상이 된다. 부동산 무상사용이익은 각 연도의 무상사용이익(부동산가액 x 연2%)을 해당 부동산 무상 사용 기간을 감안, 환산한 금액의 합계액이다. 이 경우 해당 부동산에 대한 무상사용 기간은 5년으로 한다. 증여일 기준으로 장래 5년 동안의 이익을 미리 과세한다.

증여재산가액 = Σ(부동산가액x연2%)/(1+10%)^n, n=평가기준일 경과연수

[예시]

시가 20억의 부동산을 무상 사용하는 경우 증여재산가액 :
151,631,470 = (1차+2차+3차+4차+5차)

1차 연도 : 20억 x 2% / (1+10%)^1

+ 2차 연도 : 20억 x 2% / (1+10%)^2

+ 3차 연도 : 20억 x 2% / (1+10%)^3

+ 4차 연도 : 20억 x 2% / (1+10%)^4

+ 5차 연도 : 20억 x 2% / (1+10%)^5

증여 시기

부동산 무상사용 개시일을 증여일로 본다. 무상사용 기간이 5년을 초과하는 경우 그 무상사용 개시일부터 5년이 되는 날의 다음날에 새로 해당 부동산의 무상사용을 개시한 것으로 본다.

경정청구 특례

증여일을 기준으로 장래 5년 동안의 이익을 미리 과세하기 때문에 증여세의 결정 또는 경정을 받은 자가 부동산 무상사용기간(5년) 중 부동산 무상 사용을 하지 않게 된 경우 사유 발생일부터 3개월 이내 경정청구를 할 수 있다. 무상 사용을 하지 않게 된 사유는 다음과 같다.

1. 부동산 소유자로부터 해당 부동산을 상속 또는 증여받은 경우
2. 부동산 소유자가 해당 토지를 양도한 경우
3. 부동산 소유자가 사망한 경우
4. 이와 유사한 경우로서 부동산을 무상으로 사용하지 않게 된 경우

부모님 명의의 주택에서 무상으로 거주한 기간이 15년인데 증여재산가액을 3번 합산해 과세 여부를 판정하는 건가요?

1. 사실관계

○ '05년 배우자와 각각 주택을 분양 받았음 (A주택 배우자 소유, B주택 본인 소유)

○ A주택은 본인과 배우자가 분양 이후부터 계속해 거주 중이며, B주택은 '19.5월까지 임대하였음 (보증금 2천만 원, 월세 1백만 원)

○ 임대 종료 이후 B주택을 내부 수리해 '19.9월부터 자녀에게 무상임대하였음

○ 5년간 무상임대하는 경우 증여재산 가액은 4천만 원으로 계산됨

2. 결론

무상사용 기간이 5년을 초과하는 경우에는 그 무상사용을 개시한 날부터 5년이 되는 날의 다음 날에 새로 해당 부동산의 무상사용을 개시한 것으로 보는 것이며, 그 이익에 상당하는 금액이 1억 원 미만인 경우에는 증여세가 과세되지 않는 것입니다.

[상증, 서면-2019-상속증여-4715 [상속증여세과-360] , 2020.05.26.]

2) 타인의 부동산을 담보로 금전 등 차입에 따른 이익

타인의 부동산을 담보로 이용해 금전 등을 차입하고 이익을 얻은 경우, 해당 이익만큼 증여세가 과세된다. 단, 특수관계인이 아닌 자끼리의 거래인 경우, 관행상 정당한 사유가 없을 때에만 한정해 적용한다.

증여재산가액

이 경우의 증여재산가액은 차입금액에 적정이자율을 곱한 금액에서 금전 등을 차입할 때 실제 지급한(지급할) 이자를 차감한 1천만 원 이상의 이익이다.

증여재산가액 = 차입금액 x 적정이자율(4.6%) - 실제 지급한(지급할) 이자

증여시기

부동산 담보 이용 개시일을 증여일로 하되, 차입 기간이 1년을 초과하면 그 부동산 담보 이용을 개시한 날부터 1년이 되는 날의

다음날에 새로이 해당 부동산의 담보 이용을 개시한 것으로 본다.

[예시]

B씨는 사업 자금 충당을 위해 은행에서 30억짜리 부모 명의 아파트를 담보로 제공해서 15억 대출을 받으려 한다. 대출 이자율 3.5%, 대출 기간 3년 약정(2021년 3월부터)일 때 산정되는 증여재산가액은 다음과 같다.

> 2021년 3월 증여재산가액 : 15억 원 x 4.6% − 15억 원 x 3.5%
> = 16,500,000원
>
> 2022년 3월 증여재산가액 : 15억 원 x 4.6% − 15억 원 x 3.5%
> = 16,500,000원
>
> 2023년 3월 증여재산가액 : 15억 원 x 4.6% − 15억 원 x 3.5%
> = 16,500,000원

44 배우자로부터 주택을 증여받은 후 바로 양도하면 양도소득세가 없나요?

일반적으로 같은 재산가액이라면 양도소득세보다 증여세 부담이 훨씬 적기 때문에 배우자에게 증여 후 양도한다면 세금부담액이 줄어들 수 있다. 이런 특수관계자 사이의 변칙거래를 방지하고자 세법상 마련된 몇 가지 규정들이 있다.

1) 배우자·직계존비속 간 이월과세

배우자·직계존비속 간 이월과세란 양도일부터 소급해 5년 이내 배우자나 직계존비속으로부터 증여받은 토지·건물·특정시설물이용권의 양도차익을 계산할 때 양도가액에서 공제할 취득가액은 그 배우자·직계존비속의 취득 당시 가액으로 하는 것이다.

이월과세 적용 시 양도소득세 계산방법

취득가액 : 증여한 배우자·직계존비속의 취득 당시 가액으로 한다.

필요경비 : 증여받은 자산에 대한 증여세 상당액을 필요경비에 산입한다.

보유기간 산정 : 장기보유특별공제·양도소득세율·1세대1주택 비과세 규정 모두 증여한 배우자·직계존비속의 취득일을 기준으로 해서 보유기간을 산정한다.

이월과세 적용 배제

배우자·직계존비속으로부터 증여받은 후 5년 내 양도하더라도 다음 중 하나에 해당되면 이월과세가 적용되지 않는다.

1. 사업인정고시일부터 소급해 2년 이전에 증여받은 경우로서 「공익사업을 위한 토지 등의 취득 및 보상에 관한 법률」이나 그 밖의 법률에 따라 협의매수 또는 수용된 경우
2. 이월과세 적용 시 1세대 1주택 비과세의 양도에 해당하는 경우
3. 이월과세를 적용해 계산한 양도소득 결정세액이 이월과세를 미적용하고 계산한 양도소득 결정세액보다 적은 경우
4. 배우자 사망으로 혼인 관계가 소멸된 경우

이혼으로 인한 위자료로 주택을 증여받은 후 5년 이내 매도했는데 이월과세가 적용되나요?

배우자 이월과세는 배우자 간 증여를 통해 양도소득세의 회피를 방지하고자 하는 것이므로 법률상 혼인 관계에 있는 배우자로부터 증여받은 부동산의 경우에 적용함이 타당하나 청구인이 배우자로부터 위자료 대신 받은 증여 재산을 취득할 당시 이미 법률상 혼인 관계가 성립하지 않고 있으므로 배우자 이월과세를 적용하지 않습니다.

[양도, 조심2011서0888, 2011.06.17.]

계산 사례

A는 2018년 6월 배우자 B로부터 시가 10억짜리 주택(2014년 4월 6억에 취득)을 증여받았다. 증여 당시 증여세 산출세액은 7천만 원, 신고세액공제를 차감한 납부세액은 6천 790만 원이었다.

이후 A는 배우자 B와 2019년 7월 이혼했고 2021년 7월 12억에 증여받았던 주택을 양도했다. 이때 비조정대상지역 2주택자인 A가 납부해야 할 양도소득세 과세표준은 다음과 같다.

이혼으로 혼인 관계가 소멸된 후 양도해도 이월과세가 적용되므로 양도소득세는 둘 중 큰 금액으로 계산한다.

1. 이월과세 적용 시 양도소득과세표준

(단위 : 원)

구분	금액	비고
양도가액	1,200,000,000	
취득가액	- 600,000,000	배우자의 주택 취득가액
증여세산출세액	- 70,000,000	납부세액이 아닌 산출세액
양도차익	= 530,000,000	
장기보유특별공제	- 74,200,000	= 530,000,000 x 14% (배우자의 취득일을 기산일로 보유 기간 7년 적용)
양도소득금액	= 455,800,000	
양도소득기본공제	- 2,500,000	
양도소득과세표준	= 453,300,000	

이월과세가 적용되므로 취득가액과 장기보유특별공제는 배우자 B를 기준으로 계산하며, 증여세산출세액을 필요경비로 차감한다.

2. 이월과세 미적용 시 양도소득과세표준

(단위 : 원)

구분	금액	비고
양도가액	1,200,000,000	
취득가액	- 1,000,000,000	증여가액
증여세산출세액	- 0	
양도차익	= 200,000,000	
장기보유특별공제	- 12,000,000	= 200,000,000 x 6%
양도소득금액	= 188,000,000	
양도소득기본공제	- 2,500,000	
양도소득과세표준	= 185,500,000	

이월과세가 적용되지 않으므로 취득가액은 A의 증여가액으로 하며, 보유 기간은 A가 보유한 기간을 적용한다.

적용되는 세율이 같다고 가정하면 이월과세 적용 시와 미적용 시 세액을 비교했을 때 이월과세 적용 시 세액이 더 크다. 그러므로 이월과세를 적용해 양도소득세를 계산한다.

2) 배우자·직계존비속에게 양도한 재산의 증여추정

배우자·직계존비속에게 직접 양도 시 증여추정

배우자·직계존비속에게 양도한 재산은 양도 재산의 가액을 배우자·직계존비속이 증여받은 것으로 추정해, 이를 배우자·직계존비속의 증여재산가액으로 한다.

다만, 대가 지급 사실을 입증하면 증여추정을 피할 수 있다.

아버지께 주택을 시가에 양도했는데도 불구하고 증여로 추정되나요?

직계존비속에게 양도한 재산은 그 재산을 양도한 때에 증여한 것으로 추정하는 것이나, 직계존비속에게 대가를 지급받고 양도한 사실이 명백히 인정되는 경우에는 그러하지 아니하는 것입니다.
[상증, 서면인터넷방문상담4팀-2935, 2007.10.12.]

배우자·직계존비속에게 우회 양도

특수관계인에게 양도한 재산을 그 특수관계인(이하 "양수자")이 양수일부터 3년 이내에 처음 양도자의 배우자·직계존비속에게 다시 양도한 경우 양도 당시의 재산가액을 그 배우자·직계존비속이 증여받은 것으로 추정해 이를 배우자·직계존비속의 증여재산가액으로 한다.

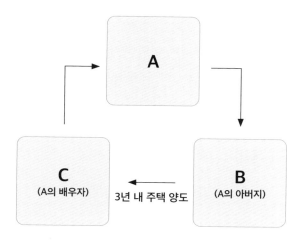

우회 양도의 경우 다음 요건이 모두 충족되면 증여세를 과세한다.

1. 양수자가 3년 이내에 처음 양도자의 배우자 또는 직계존비속에게 양도할 것
2. 처음 양도자 및 양수자가 부담한 양도소득세 결정세액을 합친 금액이 양도 당시의 재산가액을 당초 그 배우자 등이 증여받은 것으로 추정할 경우의 증여세액보다 적을 것
3. 처음 양도자의 배우자 또는 직계존비속이 대가 지급 사실을 입증하지 못할 것

대가 지급 사실 입증 방법

다음 중 어느 하나에 해당하면 대가를 지급한 것으로 본다.

1. 권리의 이전이나 행사에 등기 또는 등록을 요하는 재산을 서

로 교환한 경우

2. 당해 재산의 취득을 위해 이미 과세(비과세 또는 감면받은 경우 포함)를 받았거나 신고한 소득금액 또는 상속 및 수증재산의 가액으로 그 대가를 지급한 사실이 입증되는 경우

3. 당해 재산의 취득을 위해 소유재산을 처분한 금액으로 그 대가를 지급한 사실이 입증되는 경우

45

배우자에게 주택을 시세보다 저렴하게 양도해도 되나요?

시가란 불특정다수인 사이에 부동산이 자유로이 거래될 때 통상 인정되는 가액이다. 양도자가 특수관계 없는 제3자에게 주택을 시가보다 저렴하게 양도했어도 관행상 정당한 사유가 있다면 증여로 보지 않는다.

그러나 부모, 자녀, 배우자 등 특수관계자에게 주택을 시가보다 높은, 혹은 낮은 금액으로 양도하는 경우, 시가와의 차액이 3억원 또는 시가의 30% 중 적은 금액 이상이라면 그 적은 금액을 차액에서 차감한 만큼 증여한 것으로 본다.

특수관계 아닌 지인에게 주택을 시세보다 높게 양도했을 때도 증여세가 과세되나요?

증여세 부과처분이 적법하기 위해서는 양도자가 특수관계에 있는 자 외의 자에게 시가보다 현저히 높은 가액으로 재산을 양도하였다는 점뿐만 아니라 거래의 관행상 정당한 사유가 없다는 점도 과세 관청이 증명해야합니다. [대법2011두22075]

증여재산가액

특수관계인에게 저가 양도한 경우 증여재산가액

증여재산가액 = (시가 - 양수대가) - 괄호 중 작은 액수(시가 x 30%, 3억 원)

특수관계인에게 고가 양도한 경우 증여재산가액

증여재산가액 = (양도대가 - 시가) - 괄호 중 작은 액수(시가 x 30%, 3억 원)

부당행위 계산 부인

특수관계자에게 시가보다 낮은 금액으로 주택을 양도하는 경우 과세당국은 그 양도가액을 인정하지 않고, 시가를 양도가액으로 해 다시 양도소득세를 계산한다. 이를 부당행위 계산 부인이라한다. 부당행위 계산 부인은 특수관계자의 거래에서 시가와 양도가액의 차이가 3억 원 이상이거나 시가의 5% 이상일 때 해당한다.

부당행위 계산 부인 여부 판단 기준 : (시가 - 양도가액) ≥ 괄호 중 작은 액수(시가의 5%, 3억 원)

계산 사례

A가 시가 20억 아파트를 자녀 B에게 13억에 양도하는 경우를 가정해보자.

(단위 : 원)

시가와 양도가액의 차액 = 20억 - 13억 = 7억

1. 증여세 과세

증여 여부 판단 : 증여세 과세 (차액 7억 > 괄호 중 작은 액수(시가의 30% = 20억 x 30% = 6억, 3억))

증여가액 : 4억 = 차액 7억 – 괄호 중 작은 액수(시가의 30% = 20억 x 30% = 6억, 3억)

차액이 3억 이상이므로 자녀 B에게 증여가액 4억에 대한 증여세가 부과된다.

2. 양도세 과세

부당행위 계산 부인 판단 : 해당됨 (차액 7억 > 괄호 중 작은 액수(시가의 5% = 20억 x 5% = 1억, 3억))

양도가액 : 시가 20억

차액이 1억 이상이므로 A의 양도가액을 20억으로 해 양도소득세를 계산한다.

결국 시가보다 저렴하게 양도하면 양도세 계산 시 시가를 양도가액으로 계산하고, 증여세도 납부해야 한다. 시가대로 양도할 때보다 세금 부담이 오히려 더 크다. 다만, 자녀 B는 시가와 양도가액의 차액 7억 중 3억을 증여세 부담 없이 증여받는 것이니 현금으로 7억을 받을 때보다 증여세 부담이 작다.

A씨가 본인과 자녀의 세금 부담을 줄이고 싶다면 아파트를 타

인에게 양도하고 현금 7억을 자녀에게 증여하기보다 바로 자녀에게 13억에 양도하는 것이 효과적인 방법이다.

다음은 저가양도 시 과세 공식과 납세자를 정리한 표다.

구분		저가양도
증여세	증여 판단	(시가 - 양도가액) ≥ 괄호 중 작은 액수 (시가의 30%, 3억)
	증여가액	(시가 - 양도가액) - 괄호 중 작은 액수 (시가의 30%, 3억)
	납세자	양수자
양도세	부계부 판단	(시가 - 양도가액) ≥ 괄호 중 작은 액수 (시가의 5%, 3억)
	양도가액	시가
	납세자	양도자

46 주택 취득자금이 부족한데 부모님께 현금을 빌릴 때 고려할 사항이 있을까요?

집값이 크게 오르면서 주택 취득 자금을 충당하기 위해 부모로부터 현금을 빌리는 경우가 많다. 증여를 받으면 반드시 증여세를 내야 하기 때문에, 차라리 부모에게 차용증을 쓰고 이자와 원금을 상환하는 방식을 많이 취한다.

그러나 부모를 비롯해 특수관계인과의 대출거래로 적정 이자율보다 낮은 이자율에 혹은 이자 없이 무상으로 대출을 받는다면 이 또한 증여세 과세 대상이다. (금전무상대출 등에 따른 이익의 증여) 특수관계란 본인과 친족 관계, 경제적 연관 관계, 경영지배관계 등 대통령령으로 정하는 관계를 뜻한다. 단, 특수관계인이 아닌 자끼리 거래인데 정당한 사유가 없다고 인정되는 경우에도 증여세가 부과된다. 무상·저리 대출에 따른 이익이 한 번에, 또는 여러 차례에 걸쳐 1천만 원 이상이라면 증여세를 낼 것을 염두에 두어야 한다.

증여재산가액

① 무상 대출을 받은 경우 증여재산가액 : 대출금액 x 당좌대출이자율
② 저리 대출을 받은 경우 증여재산가액 : 대출금액 x 당좌대출이자율 -
　　실제 지급한 이자상당액

과세 단위는 1년이며 증여이익이 1천만 원 이상이 되도록 금전을 대출받은 날이 증여시기가 된다. 다만, 1년 이내 여러 차례 나누어 대출 받았다면 증여이익이 1천만 원 이상이 되는 당일이 증여시기다. 아울러 정해져 있지 않으면 대출 기간은 1년으로 간주되며, 대출 기간이 1년 이상이면 1년이 되는 날의 다음 날에 매년 새로 대출을 받을 것으로 본다.

경정청구 특례
특수관계인과의 대출에 따른 증여세 과세는 장래 1년을 단위로 미리 과세한다. 해당 금전을 중도상환 등으로 더는 대출받지 않게 되면 사유 발생일부터 3개월 내 경정청구를 거쳐 납부 세액의 일부를 환급받을 수 있다.

경정청구 사유는 대부자로부터 해당 금전을 상속 또는 증여받은 경우, 채권자의 지위가 이전된 경우, 대출자가 사망한 경우, 이와 유사한 경우로서 금전을 무상 또는 저리로 대출받지 않게 되는 경우다.

환급받을 수 있는 금액은 다음과 같다. 기간이 1개월 미만이면 월수는 1개월이 된다.

경정청구 대상금액 = 증여세 산출세액 x 잔여기간 월수 / 대출기간 월수

계산 사례

C씨는 15억 원의 주택을 매입하기 위해 저축예금과 은행 대출로 10억 원을 구했다. 하지만 매입 자금이 모자라 부모에게 1% 금리로 5억 원을 빌렸다. 이 때 증여재산가액은 다음과 같다.

저리 대출을 받은 경우 증여재산가액
= 대출금액 x 당좌대출이자율 - 실제 지급한 이자상당액
= 500,000,000원 x 4.3% - 500,000,000원 x 1%
= 16,500,000원

또 증여세 납부액뿐만 아니라 차용 거래로 인정받기 위한 세무당국 제출 자료를 함께 준비해야 한다.

우선 대출금액 상환 능력을 증명해야 한다. 따라서 본인 소득 중 신용카드 사용액 등을 차감한 금액으로 상환할 수 있는 금액과

조건을 설정해 금전소비대차계약서를 작성해야 한다. 그리고 계약서 날인 후 받은 공증이나 확정일자, 실제 이자 지급 및 대출금 상환 사실을 보여주는 송금 내역이 준비되어야 한다.

47. 동거주택을 상속받았는데 절세 방법이 있나요?

세법에서는 상속인의 주거 안정 보장을 위해 피상속인과 상속인이 함께 10년 이상 거주하면서 1세대 1주택을 유지했다면 6억 원 한도로 상속주택가액을 공제하도록 규정하고 있다. 공제를 받으려면 구체적 요건들을 충족해야 하므로 상속받기 전 미리 요건 충족을 위한 준비를 해야 한다.

동거주택상속공제액

상속공제액 = 괄호 중 작은 액수(동거주택가액[부수토지 포함] x 100%, 6억 원)

동거주택가액은 주택부수토지의 가액을 포함하되, 상속개시일 현재 해당 주택 및 주택부수토지에 담보된 피상속인의 채무액을 뺀 가액이다.

동거주택 상속공제 요건 [2022년 개정]

1) 피상속인과 상속인(직계비속의 배우자 포함[2022년 개정, 2022년 1월 1일 이후 상속이 개시되는 분부터 적용])이 상속개시일부터 소급해 10년 이상 계속 한 주택에서 동거해야 한다. (상속인이 미성년자인 기간 제외)
2) 피상속인과 상속인이 상속개시일부터 소급해 10년 이상 계속 1세대를 구성하면서 1세대 1주택에 해당되어야 한다. 무주택 기간도 1세대 1주택 기간에 포함한다.
3) 상속개시일 현재 무주택자이거나 피상속인과 공동으로 1세대 1주택을 보유한 자로서 피상속인과 동거한 상속인이 동거주택을 상속받아야 한다.

동거주택 인정 범위

동거주택이니만큼 기본적으로 동거를 해야 한다. 다만, 피상속인과 상속인이 다음 사유로 동거를 못 했다면 해당 기간은 같이 살지 못했더라도 동거 기간으로 인정해준다.

1) 징집
2) 초·중등교육법에 따른 학교(유치원·초등학교 및 중학교는 제외한

다) 및 고등교육법에 따른 학교에의 취학

   3) 직장의 변경이나 전근 등 근무상 형편

   4) 1년 이상 치료나 요양이 필요한 질병 치료 또는 요양

군복무 기간에 아버지가 2주택을 보유한 기간이 있었으며, 제대 후 아버지와 같은 주택에 살다가 동거주택을 상속받은 경우 1세대1주택으로 볼 수 있나요?

동거주택 상속공제 적용 시 피상속인과 상속인이 군 복무로 동거하지 못한 경우, 계속해 동거한 것으로 보되, 동거 기간에 산입하지는 않습니다. 동거주택 상속공제를 함에 있어 군복무기간이 있으면 동거주택 판정 기간의 기산점이 군복무기간만큼 앞당겨지므로 그 앞당겨진 기간까지 포함한 기간에 2주택을 보유한 사실이 있는 경우에는 동거주택 판정 기간에 계속해 1세대를 구성하면서 1세대 1주택을 보유한 것에 해당하지 않는 것입니다.
[상증, 심사-상속-2016-0007, 2016.05.09.]

일시적 2주택자의 동거주택 상속공제

동거주택 상속공제 요건에서 말하는 '1세대 1주택'은 1세대가 다음 중 어느 한 사유 때문에 2주택 이상 소유한 경우를 포함한다.

   1) 피상속인이 다른 주택을 취득(자기가 건설해 취득한 경우를 포함)해 일시적으로 2주택을 소유한 경우. 다만, 다른 주택을 취득한 날부터 2년 이내에 종전의 주택을 양도하고 이사하는 경우만 해당한다.

   2) 상속인이 상속개시일 이전에 1주택 소유자와 혼인한 경우. 다만, 혼인한 날부터 5년 이내에 상속인의 배우자가 소유한

주택을 양도한 경우만 해당한다.

3) 피상속인이「문화재보호법」제53조 제1항에 따른 국가등록 문화재 주택을 소유한 경우

4) 피상속인이「소득세법 시행령」제155조 제7항 제2호에 따른 이농주택을 소유한 경우

5) 피상속인이「소득세법 시행령」제155조 제7항 제3호에 따른 귀농주택을 소유한 경우

6) 1주택을 보유하고 1세대를 구성하는 자가 상속개시일 이전에 60세 이상의 직계존속을 동거봉양하기 위해 세대를 합치고 일시적으로 1세대 2주택이 된 경우. 다만, 세대를 합친 날부터 5년 이내에 피상속인 외의 자가 보유한 주택을 양도한 경우만 해당한다.

7) 피상속인이 상속개시일 이전에 1주택 소유자와 혼인해 일시적으로 1세대 2주택이 된 경우. 다만, 혼인한 날부터 5년 이내에 피상속인의 배우자가 소유한 주택을 양도한 경우만 해당한다.

8) 피상속인의 사망 전에 발생한 제3자로부터의 상속 때문에 여러 사람이 공동으로 주택을 소유한 경우. 다만, 피상속인 또는 상속인이 해당 주택의 공동소유자 중 가장 큰 상속지분을 소유한 경우(상속지분이 가장 큰 공동소유자가 2명 이상이면 해당 주택 거주자-연장자 순서로 최대 지분인 사람을 정한다)는 제외한다.

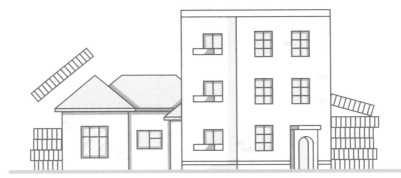

6장

재건축·재개발 조합원입주권, 분양권 등의 절세

48 재건축·재개발에서 관리처분계획 인가일이 무슨 뜻인가요?

주택 관련 양도소득세는 매년 급격하게 제도가 바뀌고 있다. 세무사들 사이에서도 양도소득세를 포기하는 세무사, 즉 '양포세'라는 말이 유행할 정도인데 특히 재개발·재건축 양도소득세는 원래부터 복잡하기로 악명이 높았다.

세무 문제 해결의 기초는 주택과 입주권 판단이다. 종전 주택-입주권-새로운 주택의 과정에서 어느 시점에 취득하고 양도하느냐에 따라 비과세, 일반과세, 중과세 등 규정이 다르게 적용된다.

2005년 12월 31일 이전의 입주권은 부동산을 취득할 수 있는 권리로 주택 비과세 또는 중과세 판정 시 주택 수에 포함하지 않았다. 즉 2020년 이전 분양권과 같은 개념이었으나 2006년 1월 1일 이후의 입주권은 주택 비과세 또는 중과세 판정 시 주택 수에 포함하게 되었다.

재개발·재건축 관련 세법 이해를 위해 가장 먼저 이해해야 하는 용어가 있다. 바로 관리처분계획인가일이다. [관리처분계획인가일 전의 주택은 종전 주택, 이후에서 준공일까지가 입주권, 그리고 준공일 이후는 신축주택으로 분류된다.]

관리처분이란 사업시행구역 안에 있는 종전부동산의 소유권, 소유권 이외의 권리(임차권, 저당권 등)를 재개발·재건축 사업으로 조성된 토지 및 축조된 건축시설에 관한 권리로 변환시켜 배분하는 일련의 계획, 절차를 가리킨다.

그리고 관리처분계획 인가일은 도시정비법 제74조에 따른 조합원입주권의 권리가 확정된 날로서 지방자치단체의 공보에 고시한 날이다. 앞서 설명한 바와 같이 재개발·재건축 사업의 경우 관리처분계획 인가일을 기준으로 종전 주택이 조합원입주권으로 변경되지만, 소규모 재건축 사업에서는 사업시행계획 인가일이 기준이 된다.

그렇다면 왜 이 관리처분계획 인가일이 세법에서 중요할까? 이때 보통 종전 주택의 권리가액이 형성되고 청산금을 납입 혹은 수령하는 금액이 확정되기 때문이다. 관리처분은 계획 수립 후 관할관청의 인가를 받아야 비로소 효력이 있다고 인정된다. 그래서 국세법에서는 부동산이 입주권으로 변환되는 시기를 관리처분계획 인가일로 보고 이날 전후로 양도차익의 계산이 구분되므로 의미가 크다.

다만, 지방세법상 취득세는 실제 철거일을 기준으로 측정되므로 사업시행인가일이나 관리처분계획 인가일의 영향을 받지 않으니 국세법과 또 다르다는 점을 함께 알아두어야 한다.

49

추가분담금을 받거나 낼 때 양도세를 내야 하나요?

　오랫동안 낙후된 지역이 개발될 때에는 발생하는 양도차익이 대단히 크기 때문에, 재건축·재개발이 진행되면 양도소득세에 대한 문의가 많이 들어온다.

　종전 주택을 관리처분계획 인가 전에 양도했다면, 이는 주택이기 때문에 보통의 양도세처럼 1세대 1주택 비과세, 일반과세, 중과세로 구분하기만 하면 된다. 그러나 종전주택을 매각하지 않고 관리처분계획 인가를 받으면 인가일 이후 주택은 입주권으로 전환된다. 이렇게 입주권으로 바뀔 때 나오는 개념이 '청산금'이다. 흔히 추가분담금 혹은 분담금이라고도 한다.

　관리처분계획 인가일에는 종전 주택의 권리가액이 확정되면서 신축주택에 대한 평형별 금액도 제공되기 때문에 청산금을 받을지 말지 결정해야 한다.

현금청산의 개념은 권리가액이 확정되었을 뿐 권리 양도가 아닌 부동산 양도로 보기 때문에 종전 주택이 1세대 1주택, 관리처분계획 인가일 현재 보유 기간 등 비과세 요건을 충족했다면 청산금도 비과세된다.

반면 다주택자인데 청산금을 받았다면 조정대상지역, 공익사업으로 인정되지 않은 청산금은 다주택 중과세를 적용받는다.

현금청산 방식이 아니라, 내가 결정한 주택의 금액 즉 신축주택의 분양가에 따라 결정된 권리가액보다 낮은 소형주택을 선택하면 차액만큼만 현금을 받게 된다. 주택 일부를 떼어 내주고 돈을 받는다는 형식이라 주택을 부분양도했다고 본다.

반대로 권리가액보다 높은, 큰 평형 아파트를 받기 위해 청산금을 내야 하면 추가금을 내면서 부동산을 취득한 개념이므로 추후 양도소득세를 계산할 때 취득가액에 포함되어 합산된다.

큰 평수를 소유하면 간혹 1+1 입주권이 배정되기도 하는데 보통 재건축 사업 등에서 조합원이 본인 거주용과 전용 60제곱미터를 합쳐 입주권 2가구를 배정받을 경우, 관리처분계획 인가일 이후 1세대 2주택으로 간주된다. 입주권은 전매 제한이 있을 뿐 아니

라 소형인 60제곱미터 이하는 이전고시일로부터 3년 이내 양도
제한 대상이라 준공 후 조정대상지역 내 먼저 양도하는 주택은 중
과세 대상이 된다.

이렇게 관리처분계획 인가일 전·후로 나누는 이유는 인가 전
양도차익에 대해서는 장기보유특별공제를 해주고, 인가 후 양도
차익에 대해서는 특별공제를 미적용하기 위해서이다.

[예시]
신축주택 양도가액 15억 원

기존주택 및 딸린 토지 취득가액	권리가액	납부한 청산금
5억 원	9억 원	3억 원

내가 지출한 총 취득가액 : 5억 원 + 3억 원 = 8억 원
총 양도차익 : 15억 원 - 8억 원 = 7억 원

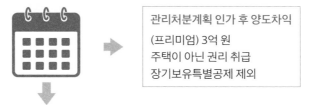

관리처분계획 인가 후 양도차익
(프리미엄) 3억 원
주택이 아닌 권리 취급
장기보유특별공제 제외

관리처분계획 인가일 바로 팔 경우
인가 전 양도차익 4억 원
부동산 취급, 장기보유특별공제 적용

위 도표는 관리처분계획 인가일 기준 자기 주택을 처분할 때와

하지 않을 때에 따라 달라지는 장기보유특별공제 적용 여부를 정리한 도표다.

다만, 원조합원이 아닌 승계조합원이라면 주택 취득 시기, 보유 기간을 사용승인일부터 헤아리기 때문에 애초에 장기보유특별공제를 받을 수 없다. 양도차익에 기본공제, 일반세율만 적용하면 된다.

2019년 12월 31일 이전에는 청산금 양도 시기를 대금 청산일과 등기 접수일 중 빠른 날로 보았다. 그러나 최근 기획재정부에서 청산금 양도 시기는 소유권 이전 고시일 다음날이라고 밝혔다. 100% 현금 청산을 하는 경우는 부동산 전체 양도이므로 잔금청산일, 소유권 이전 등기일 중 빠른 날이 양도 시기가 된다. 청산금 수령 시점이 속하는 달의 말일로부터 2개월 내 양도세 신고·납부를 해야 한다.

50

1주택자인데 입주권을 보유하는 경우 비과세를 받을 수는 없나요?

다시 정리해 보자. 관리처분계획인가일 이전의 입주권은 주택, 인가 후 입주권은 입주권이다. 이 흐름을 잘 파악하여 기준을 잘 잡는다면 훨씬 빨리 이해할 수 있다.

첫 번째로, 입주권 취득을 통한 주거이전 사례를 보자. 1주택자인데 인가 전에 입주권을 사면 2주택자, 인가 후에 사면 1주택+1입주권이 되는 것이다. 입주권도 주택 수에 포함되기 때문에 1주택, 1입주권 중 1주택을 양도하면 1세대 1주택 양도소득세 비과세를 적용하지 않는 것이 원칙이다.

현행	개정안
□ 1세대 1주택 1조합원 입주권 비과세 요건 (❶, ❷ 중 어느 하나에 해당) ❶ 1주택을 소유한 1세대가 조합원 입주권 취득 후 3년 이내에 종전 주택을 양도하는 경우 　- 종전주택을 취득 후 1년 이상이 지난 후에 　　입주권 취득 ❷ 1주택을 소유한 1세대가 조합원 입주권 취득 후 3년이 지나 종전 주택을 양도하는 경우로서 다음 요건(㉠+㉡)을 모두 충족하는 경우 　㉠ 신규주택 완성 후 2년 이내에 세대 전원 　　이사 + 1년 이상 계속 거주 　㉡ 신규주택 완공 전 또는 완공 후 2년 이내에 　　종전주택 양도 　　　　　　　　<추가>	□ 1세대 요건보완 ❶ (변경 사항 없음) ❷ (변경 사항 없음) ㉠~㉡ (변경 사항 없음) 종전 주택취득 후 1년 이상이 지난 후에 조합원 입주권 취득

두 번째로는 입주권 1개를 소유한 조합원의 경우다. 전세나 월세로 이사할 곳을 구할 수도 있지만, 재건축·재개발이 얼마나 걸릴지 불확실해서 새로 주택을 구입하는 바람에 1입주권+1주택이 되는 경우가 있다. 이런 경우엔 다음 두 가지 중 하나의 조건일 때 비과세 혜택을 받을 수 있다.

1) 1세대가 재개발 사업 등의 사업시행 인가일 이후 대체주택을 취득해 1년 이상 거주한다. 그 후 신축주택이 완성되고 2년 내 세대 전원이 이사해 1년 이상 거주한다.

2) 신축주택 완성 전 또는 후 2년 내 대체주택을 양도한다. (보유

기간, 거주 기간 요건 없음)

반드시 사업시행 인가일 이후 대체주택을 취득해야 한다는 점이 핵심 포인트다. 시행 인가도 나기 전 취득한 주택은 대체주택으로 인정되지 않아 비과세 적용 대상이 아니다.

또 국세청은 유권해석을 통해 대체주택 비과세 적용대상을 사업시행 인가일 현재 1주택 소유자로 제한하고 있다. 간혹 무주택자가 1입주권을 승계취득하고 사업기간 내 대체주택을 취득, 양도하더라도 비과세가 적용되는지에 관한 문의가 있다. 이 경우는 원조합원이 아니므로 대체주택 비과세 적용에서 배제된다.

세 번째로는 1세대 1주택 비과세 특례처럼 불가피하게 1주택 1입주권이 되는 경우다. 다음 중 하나의 상황일 때 비과세 혜택을 받을 수 있다.

1) 혼인 합가로 1주택+1입주권이 되어 5년 이내 최초 양도주택이 비과세요건에 해당하는 경우
2) 상속받은 1주택+1입주권 중 1주택을 양도하는 경우
3) 동거봉양 합가로 1주택+1입주권이 되어 10년 이내 최초 양도주택이 비과세요건에 해당하는 경우

다만 불가피성을 인정받을 수 없는 케이스가 있다. 관리처분계획인가 전 2주택 소유자의 1주택이 입주권으로 전환되어 1주택+1

입주권으로 바뀐 경우다. 이때는 단지 2주택 중 1주택이 입주권으로 바뀐 것이니 1주택이나 1입주권을 양도해도 양도세 비과세를 적용받을 수 없다.

조합원이 1+1 입주권을 분양받은 경우도 대체주택 취득에 대한 비과세는 1주택에 한정하기 때문에 비과세 혜택을 받을 수 없다.

51 입주권과 분양권의 차이는 무엇인가요?

입주권이란 오래된 주택이 지역 내 재개발·재건축에 따라 신축주택으로 개발될 때, 관리처분계획 인가일부터 준공일까지 부동산을 취득할 수 있는 권리를 뜻한다.

구분	내용	비고
분양권	무주택자 세대주가 신규주택(재개발 또는 재건축 포함)을 취득할 수 있는 권리	예) 주택 청약
입주권	기존 주택소유자가 조합원 자격으로 특별분양 대상자로서 우선 공급받는 권리	예)재개발 또는 재건축 지역 거주자

입주권 양도 시 중과세 적용은 없다. 1세대 1입주권 비과세나 일반과세만 판단하고 양도차익을 계산하면 된다. 조정대상지역

내 다주택자의 입주권 양도에도 마찬가지다.

다소 복잡한 것은 장기보유특별공제 적용 문제이다. 여러 번 강조했듯 관리처분인가 전의 주택은 부동산이다. 양도차익에도 장기보유특별공제가 가능하다. 관리처분인가 후의 주택은 권리 형태다. 양도차익은 이른바 피(fee) 혹은 프리미엄의 개념이고 장기보유특별공제 대상에서 제외된다. 원조합원, 승계조합원 모두 마찬가지다.

분양권은 부동산 실체가 없는 상태에서 분양으로 주택을 취득하는 권리다.

그래서 1분양권 자체만으로 비과세되는 경우는 없다. 기존 부동산이 없으니 입주권 비과세 요건에서 본 종전 주택, 대체 주택 개념도 성립하지 않는다.

오히려 세법 개정으로(2021년 1월 1일 이후 취득 분양권은 주택수에 포함) 분양권이 주택수에 포함되면서 현재 어떤 상태냐에 따라 1세대 1주택 양도소득세 비과세는 못 받고, 다주택자로서 중과세를 받을 수 있다.

양도세 세율도 높아 2021년 6월 1일 이후 양도분부터는 보유 기간 1년 미만 70%(지방소득세 포함 77%), 1년 이상 60%(지방소득세 포함 66%)에 달한다. (조정대상지역 여부와 관계 없음.)

52

종전 주택, 입주권, 신축 주택 중 어느 시점에 팔면 가장 유리한가요?

1) 종전주택 양도 VS 입주권 양도

　종전주택과 입주권 가액이 같고 12억 원 초과의 1세대 1주택 비과세 대상 주택이 있다면 주택인 상태에서 파는 게 유리하다. 왜냐하면 양도가액이 같을 때 전체 양도차익은 변함없지만, 관리처분계획 인가 전·후로 양도차익을 배분하므로 인가 전 양도차익이 줄어들 수 있다. 장기보유특별공제 계산 시 전체 양도차익에 공제를 적용하는 주택과 달리 입주권은 인가 후 양도차익 공제를 배제하기 때문이다.

　만약에 관리처분계획 인가일까지 보유 기간으로 비과세 요건을 충족하지 못 했다면 사실상 거주로 비과세 요건을 갖추고 양도하는 것이 좋다. 입주권 상태라도 실제 거주가 확인되면 주택으로 보아 보유 기간, 거주 기간을 통산해 주기 때문이다.

다만, 다주택자 중과세 대상이라면 정반대다.

다주택자로서 중과세 대상 주택인 경우 관리처분계획인가 전이라도 장기보유특별공제를 적용받을 수 없고 중과세율을 적용받는다. 입주권 상태에서 양도하는 것이 유리하다. 입주권 그 자체를 양도할 때는 중과세가 아닌 일반세율이 적용되고, 종전 주택 양도차익에 대해서는 장기보유특별공제까지 적용받을 수 있기 때문이다.

2) 입주권 양도 VS 신축주택 양도

이런 케이스는 일반적으로 신축주택 양도가 더 유리하다. 신축주택도 주택이고 보유 기간 중 발생한 양도차익 전체에 대해 장기보유특별공제를 받을 수 있기 때문이다. 다만 다주택자 중과세 대상이라면 역시 입주권 양도가 유리하다.

53

재건축 후 완공된 아파트의 양도세는 어떻게 계산하나요?

일단 관리처분계획 인가 전 양도차익에는 장기보유특별공제가 가능하고, 인가 후 양도차익에는 장기보유특별공제가 배제된다고 보면 된다. 그리고 완공된 신축 주택을 취득할 때 자신의 포지션이 무엇인지 고려해야 한다. 원조합원인지, 승계조합원인지, 분양권보유자인지에 따라 계산법이 다르다.

원조합원이 신축 주택을 추후 양도할 때 주택의 보유 기간은 종전 주택의 취득일부터 신축 주택의 양도일까지로 계산한다. 다만, 청산금 납부분은 이미 권리가액이 확정된 상태에서의 프리미엄으로 보아 양도차익의 장기보유특별공제 대상이 아니므로 양도차익만 종전 주택분 양도차익과 청산금 납부분 양도차익으로 구분, 계산하게 된다.

원조합원이 종전 주택 보유자이고 신축 주택 양도 시까지 1세대 1주택자라면 보유 기간 중 거주한 기간도 모두 합산되어서 납세액을 줄일 수 있다.

관리처분계획 인가 후 원조합원에게 취득한 승계조합원의 경우 설령 취득형태가 주택과 부수토지의 매매라도 입주권 취득으로 간주된다. 이로 인해 보유 기간은 신축주택 준공일부터 양도일까지가 된다.

관리처분계획 인가 이후 승계조합원 또는 분양권보유자인 경우에는 계산이 간단하다. 준공일부터 신축 주택 양도일까지의 보유 기간에 한해서만 장기보유특별공제를 받을 수 있다. 원조합원처럼 종전 주택분과 청산금 납부분을 구분, 계산할 필요가 없다. 승계조합원으로서 입주권만 거래했다면 부동산의 형태가 없었다고 보아 권리의 양도인 것이고 기본공제만 한 후 일반세율을 적용, 계산하면 된다.

주택이 아니라 보유한 상가를 조합에 제공하고 신축주택을 분양 받는 경우에는 1세대 1주택 요건을 충족한다면 비과세 대상이다. 보유 기간은 준공일로부터 양도일까지로 계산하되 과세되는 경우 장기보유특별공제와 세율은 종전 부동산 취득일로 계산한다.

54

재개발·재건축 조합원입주권과 분양권의 취득세는 어떻게 되나요?

　최근 취득세 중과세 규정이 개정되어 새로이 업데이트된 사항들이 있다.

　우선 조합원의 경우 신축 아파트 사용승인이 나면 조합원 지분에 대해 아파트의 보존등기를 하게 된다. 조합원 토지는 보통 신탁해지로 자기지분만큼 취득한 것에 한해 취득세가 비과세된다. 또 원조합원이냐 승계조합원이냐를 따지지 않고, 건물신축분은 재건축이면 공사 도급금액을 면적별로 안분한(고르게 나눈) 가액을, 재개발이면 분양가액+옵션가액-권리가액-부가가치세를 과세표준으로 해 원시취득세율 2.8%를 적용한다.

한편 2020년 7.10 부동산 대책으로 같은 해 8월 12일 지방세법이 개정되면서 취득세 중과세율이라는 규정이 도입됐다. 그 핵심 내용은 세대가 보유한 주택에 따라 취득세를 12%까지 중과한다는 것이다. 1세대가 무주택 상태에서 1분양권을 취득하고 이 분양권을 등기하기 전에 미리 공동명의로 바꾸면 취득세 중과의 문제가 발생하지 않는다.

그런데 기존 1주택자가 신축주택으로 이사하기 위해서 분양권을 취득하는 상황이 있다. 현재는 분양권에 대한 배우자 등의 이월과세 규정이 생기면서 5년 내 양도 시 종전 취득자의 취득가액을 본다.

또 다른 개정 사항은 취득세 중과 판단 시 분양권을 이제 주택으로 본다는 것이다. 예를 들어 1주택 1세대가 지방세법 개정(2020년 8월 12일) 전에 조정대상지역 내 분양권을 취득하고 동년 8월 13일 이후 분양권을 배우자에게 증여해 부부 공동명의가 되는 경우가 있다. 이때는 주택 잔금을 치른 때가 아닌 권리 취득 시점을 분양권 및 입주권의 취득세 산정 시기로 삼는다. 따라서 배우자 지분 비율에 대한 주택 취득세에 8%의 중과세율이 적용된다.

다만 종전 주택을 처분하면 취득세 중과세율을 피할 수 있다. 1주택, 1분양권이 모두 조정대상지역 내 있다면 종전 주택을 분양권으로 취득한 신축 주택 취득일로부터 1년 내 처분하면 된다.

주택과 분양권 중 하나 또는 모두 비조정대상지역에 있으면 3년 내 종전 주택을 처분해서 일시적 2주택 상태를 만들고 중과세를 피할 수 있다. (일반적인 취득세율 1~3% 적용) 만약 기간 내 종전 주택을 처분하지 못 하면 8%로 다시 계산된 취득세에 가산세까지 더한 금액을 추징한다.

입주권이나 분양권 그 자체가 취득세 부과 대상은 아니기에 지출이 당장 이뤄지지는 않지만, 실제 주택을 취득하는 시점에 해당 주택에 대한 취득세를 부과한다는 점이 특이하다. 주택 준공 전이라도 분양권 및 입주권은 주택 취득 예정과 마찬가지이기 때문에 소유한 주택수에 포함하고 취득세를 부과한다는 것이 과세 취지다. 이후 입주권이나 분양권을 보유하는 경우, 다주택 세대의 주택 취득세 중과세는 유·무상 취득에 국한되고 취득세율을 최대 12% 적용받을 수도 있다. 일반 분양자는 조합으로부터 신축 주택을 승계 취득한 것으로 간주되어 최대 20%까지 유상 승계 취득에 따른 취득세를 중과세받을 수 있다.

7장

다양한 주택 유형에 따른 절세 방법

(상가주택, 오피스텔, 다가구, 다세대 등 포함)

55 다세대주택과 다가구주택의 차이점은 무엇인가요?

먼저 다가구주택의 요건은 건축법에 따르면 다음과 같다.

1) 주택으로 사용하는 층수(지하층 제외)가 3층 이하일 것. 다만, 1층의 전부 또는 일부를 필로티 구조로 해 주차장으로 사용하고 나머지 부분을 주택 외 용도로 쓰는 경우 해당 층을 주택 층수에서 제외한다.

2) 1개 동의 주택으로 쓰이는 바닥면적(부설 주차장 면적은 제외)합계가 660제곱미터 이하일 것

3) 19세대 이하가 거주할 것

다가구주택은 건축법상 단독주택으로 분류되어 여러 가구가

살아도 등기부상에는 한 가구다. 전기세나 수도세도 모두 공동 분할·납부하며 경매 시 선순위를 정할 때도 임차인들 입장에서는 불리한 면이 있다. 한편 임대인 입장에서는 1세대 1주택으로 분류되기 때문에 비과세 대상이 되고 유리한 주택이다. 1주택자에게는 (개정)12억 원까지의 비과세, 최대 80%의 장기보유특별공제 혜택이 있어 매매가액에 비하면 미미한 수준으로 양도소득세를 낼 수 있다.

반면 다세대주택은 각 세대별 등기가 이루어진다는 점이 다가구주택과 다른 점이다. 다세대주택의 요건은 다음과 같다.

1) 주택건설촉진법에서 규정한 공동주택
2) 주택으로 쓰는 1개 동 바닥면적의 합계가 660제곱미터
3) 층수가 4개 층 이하인 주택

아파트처럼 임대인이 고용부지에 대한 권리와 대지지분까지 갖는 점도 특징이다. 다가구주택처럼 통째로 양도하는 대신 세대별 양도가 가능하므로 다세대주택을 여러 채 보유하면 1세대 다주택자가 된다.

그래서 최근에는 '세금 폭탄'을 회피하도록 다가구주택으로 임대사업을 하는 경우가 더 많다. 다만 건축물대장엔 다가구주택으로 등재되었어도 세법상 다세대주택으로 간주하는 사례가 있다. 과세 예고에 따른 불복청구를 해도 패소하는 일이 다반사라 주의해야 한다.

예를 들어 1~2층은 상가, 3~5층은 주택인 상가주택이 있다고 가정하자. 상가층 중 한 층을 주택으로 용도 변경하면 총 4개 층을 주택으로 쓰게 되면서 1세대 4주택이 된다. 주택 1개만 비과세되고 나머지에는 모두 부과되어 막대한 세금 부담이 발생한다.

또 양도소득세를 산정할 때, 옥탑방이나 상가 안쪽의 거주시설도 포함된다. 다가구주택은 지어진 지가 오래됐고 옥탑방도 세를 놓는 경우가 많은데 옥탑방까지 주택 수에 포함되면 양도소득세 중과 가능성이 매우 크다. 단, 옥탑 면적이 수평투영면적의 1/8을 초과하지 않으면 한 층으로 간주되지 않으니 이를 이용해 주택수 포함을 피하는 방법도 있긴 하다.

결국 다세대주택 임대인에게 가장 효과적인 절세 방법은 다가구주택으로 용도를 변경하는 것이다. 다만 용도변경일로부터 2년 이내 양도하게 되면, 용도변경일 현재 거주자가 선택하는 1주택 이외에는 비과세 혜택을 받을 수 없다. 2년이 지나야 1세대 1주택 비과세 요건에 해당한다는 뜻이다.

1세대 다주택자라면 절세를 위해 오래된 주택을 없애는 방법이 있다. 토지만 남기고 다른 주택들도 양도하면 1세대 1주택 조건을 만들 수 있다. 세무 당국에 소명하기 위한 건축물대장 정리 또한 잊어서는 안 된다.

그러나 본인이 1세대 1주택자인데 비과세 혜택을 받을 목적으로 일부러 주택을 없애는 것은 권장하지 않는다. 이 경우는 양도하더라도 추후 세무서에서 나대지의 양도로 보아 양도세를 부과할 수 있다. 비과세는 주택에 적용하는데 양도일 당시 주택이 존재하지 않으니 적용 대상이 될 수 없는 것이다. 천재지변이나 화재 등 부득이한 사유가 발생한 후에 나대지를 양도할 때에는 주택의 부속토지로 간주되어 비과세 적용 대상이다.

이번엔 매수자의 입장에서 알아보자. 최근 대출 규제가 강화되고 조정대상지역 내 다주택자 취득세 중과세 적용으로 주택을 사기 어려워지면서, 용도를 변경한 다음에 구입하거나 주택 멸실을 고려하는 매수자가 많아졌다.

매수자에게는 주택이 아니면 절세에 유리한 측면이 있다. 양도세와 달리 취득세는 잔금일 현재 공부를 기준으로 하므로 매매 특약을 통해 잔금 전에 주택에서 상가로 용도 변경하거나 주택을 멸실하기로 하면 된다. 그러면 매수자는 근린상가나 나대지에 대한 취득세를 내면 되기 때문에 취득세 중과 영향을 받지 않는다. 또 소득세법 기본통칙 89-21 매매 특약이 있는 경우의 1세대 1주택 비과세 판정 시 매매계약일이 기준이기 때문에 매도자에게도 불이익이 없다.

56 다가구주택만 보유할 때 주의할 세금은 없나요?

다가구주택 임대가 다세대주택 임대에 비해 유리하다는 것이지, 주의할 점이 없다는 뜻은 아니다.

일단 주택임대사업자는 면세사업자로 분류되므로 연 1회, 다음 해 2월 10일까지 면세사업자현황신고를 해야 한다. 종합소득세 측면에서 본다면 연간 월세수익의 합계를 신고하고 종합소득세 합산대상이 되어 월세수익이 큰 경우 높은 세율을 적용받을 수 있다. 이뿐만 아니라 종합소득세의 소득금액이 올라가면 본인이 지역가입자인 경우 건강보험료까지도 영향을 받을 수 있다. 다만 1세대 1주택으로서 기준시가 9억 원 이하인 다가구주택은 사업장현황신고를 하지 않아도 된다. 간혹 세무서에서 주택임대사업장 현황신고를 하라든가, 종합소득세 신고를 하라는 안내문을 보내는데 1세대 1주택자라면 할 필요가 없다는 사실을 직접 입증해야 한다. 세금을 내 내버렸다면 경정청구를 통해서 환급받을 수 있다.

다음은 재산세와 종합부동산세 측면에서 살펴보자. 다가구주택도 주택임대사업자 등록이 가능한데 주인 세대를 제외한 전체 호수 전용면적이 40제곱미터 이하이고 호수별로 구분이 되어 있으면 재산세 감면 혜택을 받을 수 있다. 2018년 9.13 대책 이전에 취득한 다가구주택은 호실당 기준시가 6억 원(비수도권 3억 원) 이하고 국민주택의 규모보다 작다면 장기임대주택 10년 요건 충족 시 종합부동산세 합산에서 배제된다. 등록임대주택의 각종 의무사항은 지켜야 한다. 해당연도 9월 16일부터 9월 30일까지의 합산배제 신고가 대표적이다.

구체적인 장기임대주택 요건은 다음과 같다.
1) 세무서 사업자등록과 시·군·구청 임대사업자 등록
2) 임대개시일 당시 주택의 기준시가 6억 원(비수도권 3억 원) 이하
3) 5년 이상 임대
4) 임대보증금 또는 임대료의 연 증가율이 5/100를 초과하지 않음

1세대 1주택이 아닌 경우 장기임대주택과 거주 주택 1개를 소유

한 1세대가 거주 주택을 양도하는 경우 평생 1회에 한해 비과세 적용을 받을 수 있다. 거주 주택 보유 기간, 세대 전원의 거주 기간이 2년 이상이면 된다. 물론 1세대 다주택자라면 양도소득세 중과도 배제된다.

57

상가주택 취득 시 신축과 매매 중 무엇이 유리한가요?

이른바 '꼬마빌딩'이 부동산 투자자들 사이에서 인기를 끌고 있다. 특히 장기적으로 자가건물 소유를 원하고, 자녀 교육에도 관심 많은 분들이 한 건물에 거주지와 사업장이 다 있는 상가주택을 선호한다. 하지만 상가에서는 월세 형태의 임대소득도 발생하기 때문에 취득 시점에서부터 절세 방법을 따져볼 필요가 있다.

'상가주택'이란 법률상 존재하는 용어는 아니다. 상가와 주택이 합쳐진 형태라고 해서 흔히 그런 표현을 사용할 뿐이다. 취득부터 임대, 양도까지 면적, 기준시가, 소득 등을 따져야 해서 세무 당국과 소유주 모두를 피곤하게 만드는 물건이기도 하다.

일단 건물에는 감가상각이 존재한다. '매입가격이 거의 존재하지 않는 토지를 사서 신축할 것이냐, 이미 잘 지어진 상가주택을 매매할 것이냐'부터 고민해 볼 일이다. 신축 임대, 매입 임대는 내야 할 세금도 다르다. 땅을 사서 건물을 지으려면 취득세를 내야 하는데 토지에 대한 취득세, 신축 건축물에 대한 취득세까지 내야 한다. 반면 건물 전체를 매입하면 토지와 건축물을 묶은 면적에 따른 취득세율만 적용하기 때문에 '통매매'가 상대적으로 취득세를 아낄 수 있는 방법이다.

좀 더 자세히 보면 '통매매'한 상가주택의 경우 상가 면적과 주택 면적의 비율로 매매금액을 안분해 각각 면적에 따라 취득세를 계산한다. 거래가액에서 주택분과 상가분을 나누어서 적용하는데 이를 안분배당이라고 한다. 주택분·상가분 대지면적, 토지 공시지가, 건물 시가표준액, 개별주택가격(단독주택)이나 공동주택가격(공동주택)을 알아야 상가분 매매가와 주택분 매매가를 산출해 낼 수 있다. 다가구주택이라고 가정하면 부동산정보조회시스템에서 주소지를 입력해 개별주택가격을 알아볼 수 있다. 개별주택가격뿐만 아니라 주택 관련 대지면적, 건물 연면적 중 주택으로 보는 면적이 나오기 때문에 이를 뺀 나머지 면적을 상가면적이라고 생각하면 된다.

상가 부분과 주택 부분의 구별된 가격이 없을 때는 매입가격을 기준시가의 비율로 안분하고 각 부분의 공급가액이 정해져 있다면 각각 공급가액에 물건별 취득세율을 적용해 취득세를 내게 된다.

그러나 주택의 취득세율이 낮다는 점을 이용하고 일부러 주택 부분 금액을 늘리는 사례가 잇따르면서 2016년부터 매입가격을 기준시가의 비율로 안분한 금액과 임의 기재 금액의 차이가 30% 이상 나면 기준시가 비율을 의무적으로 사용해야 한다. 30% 이내에서 금액을 구분 기재하는 것이 좋다.

만약 상가주택을 신축한다면 주택 부분의 면적을 높여서 신축하는 것도 괜찮은 방법이다. 1세대 1주택이라면 향후 양도 시에도 유리하다.

경매로 나온 상가를 매입할 때도 취득세를 잘 따져야 한다. 낙찰자는 낙찰가 기준으로 취득세를 내지만, 넘겨받는 매수인은 거래가액이 시가표준액보다 낮을 경우 시가표준액으로 취득세를 부담하기 때문이다. 특히 상가 경매의 경우 여러 차례 유찰되며 낙찰가가 낮아지기도 하는데 실제 시가표준액이 몇 배 높다면 매수를 했다가 '취득세 폭탄'을 맞을 수 있다.

참고로 상가 부분 취득세율은 농어촌특별세를 포함해 4.6%로 계산하는데 유흥업소 등의 위락시설에 대해서는 최고 13.4%까지 중과세된다. 매입 시점엔 위락시설이 아니었지만 5년 이내 위락시설로 바뀌어도 소급해서 중과세를 적용받을 수 있다. 주택 부분 취득세율은 농특세를 포함해 각 호별 공급면적과 가격을 기준으로 1.1%~3.5%이다.

58 공동명의로 취득하는 것이 유리한가요?

상가주택을 포함한 모든 부동산은 공동명의 취득이 유리하다.

일단 취득세, 재산세는 부동산별로 내는 것이니 단독명의나 공동명의나 차이가 전혀 없다. 차이가 나는 부분은 종합부동산세와 양도소득세다.

기본적으로 양도소득세 기본공제는 연 1회 250만 원인데 인별 공제니 250만 원씩 각각 공제를 받을 수 있다. 또 과세표준액에 따라 누진세율이 적용되기 때문에 양도세율을 더 낮게 가져갈 수 있다는 것이 장점이다.

종합부동산세 또한 인별 과세이므로 다음 식으로 과세표준을 구한다.

개인 소유 부동산 공시가격 합산 금액 − 6억 원(1세대 2주택 이상) × 공정시장가액비율
〃   − 11억 원(1세대 1주택)   ×   〃

그리고 과세표준액의 구간에 따라 누진세율을 적용하면 세액이 산정된다. 공시가격 합산은 개인, 공제금액은 세대가 보유한 주택 수에 따라 다르다는 점을 잘 유념하면 좋다.

2022년부터는 부부 공동명의 주택자라면 1세대 1주택으로 신청할 수 있으니 종합부동산세에서 11억 원 공제를 받을 수 있다. 하지만 주택분 세율도 2022년부터 함께 인상되어 무조건 공동명의라고 종부세 절세에 유리하지는 않다. 2주택자, 3주택자 그리고 조정대상지역 주택 여부에 따라 공동명의라도 종부세를 더 많이 낼 수 있으니 꼼꼼히 따져보자.

증여세 면에서도 공동명의가 유리한 측면이 있다. 시가 12억짜리 부동산을 부부끼리 증여하면 6억 원에 대한 증여세를 한 푼도 내지 않을 수 있다. 심지어 취득가액 자체를 높일 수 있으니 추후 양도 시에도 이득을 볼 가능성이 있다.

다만 증여 시 취득세, 배우자 등의 이월과세 규정을 같이 봐야 한다.

우선 조정대상지역에서 시가표준액 3억 원 이상 부동산을 증여취득하면 12%의 취득세율을 적용받는다. (시가표준액 3억 원 미만,

또는 비조정대상지역이면 3.5%) 앞서 예로 든 시가 12억짜리 부동산을 절반 증여하면 취득세가 7천 2백만 원에 달한다. 그래도 본인에게 이익일지를 길게 보고 정할 필요가 있다.

증여자산 이월과세 규정은 세 부담 회피를 방지하기 위한 규정이다. 배우자 또는 직계존비속으로부터 부동산 등을 증여받고 증여일로부터 5년 내 해당 부동산 등을 양도했다고 가정해보자. 그럼 양도소득세 계산 시 증여받은 금액이 아닌 종전 증여자의 취득가격이 취득가액이 된다.

5년간 매매를 묶어버리는 조치이지만, 당장 양도할 재산이 아니라면 증여하는 게 양도세 절세에 도움이 될 수도 있다. 또 10년 이상 지나고 상속이 이뤄지면 이미 절반은 증여세 없이 증여가 되어 있고 나머지 50%만이 상속세재산가액에 포함되니 미리 재산을 분산해두는 것도 방법이다.

건강보험료도 잘 고려해야 한다. 재산가액이 높은데 공동명의가 되면 배우자가 건강보험 지역가입자로 변경됨과 함께 피부양자 지위도 사라지고 매월 건강보험료가 수십만 원씩 부과될 수 있다.

59 상가에는 부가세가 붙는다는데, 상가주택 취득 시 계약서는 어떻게 작성하나요?

　주택 부분과 상가 부분의 면적이 얼마이든, 상가에 대해서는 부가가치세가 발생한다. 특히 상가주택 매매 계약서를 작성할 때 제대로 작성하지 않으면 추후 상가 부분 부가세로 인한 문제가 일어날 수 있다. 토지 부분은 부가가치세가 면제되지만, 건물 부분의 매각가액에는 부가가치세가 부과된다. 예외적으로 사업포괄양수도 요건을 갖춘 거래라면 부가가치세 별도 부담이 없다.

　포괄양수도란 매도인과 매수인이 세금계산서를 작성하고 부가세를 주고받는 절차를 없앤 것을 가리킨다. 다만 상가임대업과 관련된 모든 권리·의무가 포괄적으로 매수자에게 이전되어야 한다는 조건이 붙는다. 이 요건을 갖추었다면 매도자와 매수자는 포괄양수도계약서를 작성하고, 매도자가 폐업신고 시 사업양도신고서를 제출해야 한다.

포괄양수도계약이 아니라면 계약서를 꼼꼼하게 확인해야 세금을 조금이라도 줄일 수 있다. 구분상가나 일반 상가주택을 계약할 때 토지가격과 건물가격을 각각 기재하고 10% 부가세 별도라고 명시됐는지 확인해야 한다. 판례에 따르면 계약서상에 부가세 표기가 없는 경우엔 포함된 것으로 보기 때문에, 본인이 매도인인데 '부가세 별도' 표기 확인을 대수롭지 않게 여겼다가 적은 돈을 받을 수 있다.

그리고 계약서 작성 시 포괄양수도가 불가능할 수 있으니 특약사항에 아래와 같이 기재하는 것이 좋다.

> 예시) 본 매매계약은 사업의 포괄 양수도를 원칙으로 하되, 만일 계약당사자가 포괄양도양수 요건에 부합하지 않을 경우 부가가치세는 상가 부분 매매금액의 별도로 매수인이 지급한다.

매도인은 포괄적 사업양도를 사유로 폐업신고를 해야 하며, 매수인은 양수인으로서 부가가치세법 규정에 따른 사업승계 목적을 달성할 수 있도록 일반과세자로 등록해야 한다.

60

상가주택에서 주택과 상가면적에 따라 양도소득세가 달라지나요?

상가주택 양도소득세의 핵심 포인트는 주택과 상가 면적의 비율에 따라 납부할 세금 차이가 커진다는 점이다.

상가 부분과 주택 부분의 면적이 같은 경우 혹은 상가 부분이 주택 부분의 면적보다 큰 경우 상가 부분은 상가로, 주택 부분은 주택으로 본다. 소유자가 1세대 1주택이고 비과세 요건을 갖춘다면 주택 부분은 비과세되지만, 상가 부분에는 양도세가 과세된다. 다만, 주택 부분이 (개정)12억 원을 초과하면 고가주택이므로 초과분에 대한 주택 양도세가 부과된다. 이 책의 앞부분에서도 다룬 '1

세대 1주택 비과세 요건'을 다시 정리하면 ① 1세대가 양도일 현재 ② 국내에 ③ 1주택을 보유하고 있는 경우로서, 해당 주택의 ④ 거주 및 보유 기간이 2년 이상일 때 요건을 갖추었다고 볼 수 있다.

단, 1세대 1주택이라도 기준시가가 아닌 실지거래가액이 (개정)12억 원을 초과하는 고가주택은(개정)12억 원 초과 부분에 대해서 양도세가 부과된다. 주택 부분과 비주택 부분을 모두 합한 전체 건물의 매매가액을 매도가액으로 보기 때문에 양도소득세 계산 시 주택 부분만 계산하면 추징이 발생할 수 있다.

상가주택 소유자가 1가구 1주택이면 어떠할까? 2021년까지는 1가구 1주택자가 상가주택을 양도할 경우 주택 면적이 상가 면적보다 크면 건물 전체가 주택으로 분류되어 1가구 1주택 양도세 비과세 혜택을 받았다.

하지만 고가주택을 판단하는 기준이 12억 원으로 상향되면서 2022년 1월부터는 고가의 상가주택을 처분할 경우 주택 부분에만 비과세가 적용되고, 장기보유특별공제는 최대 80%까지 적용된다. 즉, 상가 부분은 무조건 과세 대상이며, 장기보유특별공제도 최대 30%까지만 가능하다. 단, 12억 원 이하면 전과 마찬가지로 1가구 1주택 양도세 비과세가 적용된다.

구분	주택연면적>상가연면적		주택연면적≤상가연면적	
	주택	상가	주택	상가
2021.12.31 양도	주택	주택	주택	상가
2022.01.01 양도	주택	상가	주택	상가
	양도가액 12억 원 초과만 적용		주택	상가

이렇게 면적에 관한 사항이 중요한 쟁점이 되는데 상가주택 건물 내부를 볼 때 상가와 주택 각각의 전용면적을 제외한 공용면적을 어느 부분에 포함을 시킬지 먼저 확인해야 한다. 건물의 지하실, 부설 계단 등 시설물은 실제로 사용하는 용도에 따라 판단하는 것이며, 용도가 명확하지 않으면 주택의 면적과 주택 이외의 면적의 비율로 안분해 계산한다. 2층 상가겸용주택으로 2층 주택을 올라가기 위한 2층 전용계단이 1층에 설치돼 있으면 계단 부분은 주택으로 본다.

양도소득세를 계산하면서 면적 측면에서 또 하나 고려할 부분이 바로 부속토지 면적이다.

부속토지는 주택에 딸린 땅을 뜻하는데 땅의 크기와 가치도 간과해서는 안 되는 요소다. 아파트나 다세대 빌라는 지가도 비싸지만, 시설비와 공동주택의 가치를 크게 보아 건물 값을 지가보다 크게 보는 것이 일반적이다.

그런데 단독주택이나 기타 공장 등은 지가가 곧 부동산 가격이니 이 부속토지의 크기가 중요하다. 1세대 1주택 비과세 요건을 갖추었어도 주택보다 땅이 엄청 크다면, 어디까지 부속토지로 인정받을 수 있는지가 문제다. 비과세 혜택은 부속토지로 인정되는 면적까지만 들어가기 때문이다. 도시지역은 토지 면적, 부속토지 면적의 차이가 크지 않지만, 비도시지역에서는 상가주택 매각 시 부속토지로 인정되는 면적이 작을 수 있으니 주의해야 한다.

61

오래된 상가주택이라 취득계약서가 없는데, 어떻게 양도차익을 계산하나요?

1980~90년대 다가구주택이나 상가주택의 취득이 많았고 이 건물들의 재개발·재건축이 진행되면서 매도가 많이 이뤄지고 있다. 그런데 지어진 지 너무 오래된 주택의 경우 양도소득세 취득가액을 산정해야 하는데 자료가 없는 곳이 있다.

이처럼 취득 시 실제 거래가액을 확인할 수 없다면 매매사례가액, 감정가액, 환산취득가액의 순서를 적용한다. 매매사례가액은 취득일 전후 각 3개월 이내 같거나 비슷한 물건이 거래된 가액, 감정가액은 취득 당시 가액이다. 오래전 거래가액을 확인하기 어렵다면 해당 가액들도 파악이 어려울 것이다.

그래서 환산취득가액이 주로 고려되는데 세법에 따라 다음 식으로 산정한다.

$$양도가액 \times \frac{취득시\ 기준시가}{양도시\ 기준시가}$$

예를 들어 양도가액이 10억 원이고 취득 시 기준시가가 2억 원, 양도 시 기준시가가 5억 원이라면 4억 원이 환산취득가액이 된다.

취득 및 양도 시 기준시가는 조회를 하고, 조회되지 않는다면 나누어서 계산해야 한다. 특히 단독주택은 주택가격 공시 제도 도입 이전에 취득한 경우 토지면적을 건물 연면적으로, 양도가액을 건물과 토지로 안분해서 계산한다. 개별주택가격이 공시된 시점 이후에 취득했다면 개별주택가격을 토대로 계산하면 되는데 개별주택가격도 토지와 건물의 합산금액이니 토지의 공시지가, 건물의 기준시가를 기준으로 안분한다. 만약 겸용주택이라면 각각 구분하고 계산을 해야 한다.

환산취득가액 계산 구조

$$양도가액 \times \frac{취득일\ 상가\ 건물기준시가 + 취득일\ 상가\ 토지기준시가 + 취득일\ 환산개별주택가격}{양도일\ 상가\ 건물기준시가 + 양도일\ 상가\ 토지기준시가 + 양도일\ 기준시가}$$

* 등기부등본상 취득일이 1984년 12월 31일 전이면 1985년 1월 1일 취득한 것으로 간주

취득일 환산개별주택가격

$$최초공시 기준시가 \times \frac{취득일\ 건물(주택)기준시가 +\ 취득일\ 토지기준시가}{최초공시일\ 건물(주택)기준시가 +\ 최초공시일\ 토지기준시가}$$

상가주택의 경우 환산취득가액이 당시 실제 구입 가격보다 높이 산정되는 경우가 많다. 그 동안 개발이 진행되며 시가는 많이 올랐지만, 기준시가의 상승 폭은 비교적 작았기 때문이다. 환산취득가액이 높고 양도 시 기준시가, 취득 시 기준시가의 차이가 작으면 양도세가 적게 부과된다.

특히 주의할 점은 취득가액 확인에 최선을 다해야 한다는 점이다. '정말 몰랐다', '확인이 안 됐다'라고 하소연해도 실제 취득가액이 존재하고 신고한 환산취득가액이 낮다면 납부세액의 40%를 과소신고가산세 또는 납부불성실가산세로 부담해야 한다. 2006년 6월 이후 취득분부터는 세무서에서도 실제 취득가액을 알 수 있다.

62 상가주택에서 토지 또는 건물만 증여해도 되나요?

아파트 시세가 치솟으면서 서울의 아파트 가격은 대부분 10억 원 이상이다. 특히 증여에 관한 취득세는 시세를 반영해 산정되는데 시가 10억 원짜리의 아파트를 증여하면 취득세율 12%에 따라 1억 원 이상을 취득세로 부담하게 된다. 그래서 기준시가에 따라 증여에 관한 취득세가 산정되고 부담이 비교적 적은 '꼬마빌딩' 증여에 대한 문의가 많다.

그러나 기준시가에 따른 산정은 시세도, 감정가액도 없는 물건에 쓰는 방법이다. 국세청은 2019년 2월 13일 이후 상속, 증여 물건에 대해 기준시가로 신고하면 인정하지 않는다고 밝혔다. 아울러 신고가액과 시세의 차이가 크면 국세청 평가심의위원회에서 감정가액을 매겨 시세를 최대한 반영하겠다고 했다. '꼬마빌딩' 증여전에 미리 감정을 받아보고 감정가액 평가서를 근거로 마련한 다음 신고하는 것이 바람직하다.

또 하나 효과적인 절세 방법은 빌딩 전체가 아닌 토지만 증여하는 것이다. 토지에 대해서만 개별공시지가로 증여를 진행하고 건물은 그대로 두면 토지가액만큼 증여세를 내는 것으로 끝난다. 그 이후에 임차인과의 계약서를 다시 작성해 임대보증금은 증여자 몫으로, 월세는 증여받는 자의 몫으로 하면 저절로 수익에 대한 증여가 이뤄진다.

토지는 어차피 매년 가액이 증가하기 때문에 미리 증여해 두면 시세차익을 얻어가는 셈이 된다. 그리고 증여자 입장에서 임대보증금은 세입자에게 돌려주어야 할 채무인 만큼, 상속할 때 상속세 재산가액에서 차감되고 상속세도 절약할 수 있다.

63

오피스텔이 주택 수에 포함되면 절세 방법은 없나요?

오피스텔은 본래 업무시설이지만 주거 목적으로 사용하는 경우가 많기 때문에, 주택 수에 포함되느냐의 여부에 따라 부담할 양도세 차이가 커진다.

2021년 1월 1일부터는 분양권도 주택 수에 포함되는데 오피스텔 분양권은 업무용·주거용의 명확한 구분이 어려워 주택 수에 포함되지 않고 취득세 4.6% 과세대상으로 분류된다. 그러나 건물 준공과 함께 전입신고를 하고 주거용으로 사용하면 주택 수에 포함된다. 구조나 기능 등이 본래 주거용으로 적합하다면 오피스텔도 주택 수에 포함하기 때문에 주의해야 한다. 이렇게 주거용 오피스텔을 보유한 상태에서 조정대상지역의 아파트를 취득하면 취득세액의 8%가 중과세된다. 아파트가 아니라도 오피스텔 보유로 인해 1세대 2주택자가 되면 중과세로 인해 10배 많은 세금을 낼 수 있으니 양도를 앞두었다면 오피스텔을 업무용으로 돌려야 유리하다.

1세대 1주택 비과세를 받기 위해 오피스텔이 주택 수에 포함되는 점을 이용할 수도 있다. 양도 전에 내부 사진을 찍어 놓는 등 준비를 해서 추후 오피스텔 양도소득세 신고에 관한 소명 요청에 대응하고 비과세 혜택을 받을 수 있다.

8장

주택임대사업자
현미경 절세 방법

실에 방문하거나 국세청 홈택스에서 신청하면 등록할 수 있다. 세무서 방문이 어렵다면 구청 또는 렌트홈 사이트에서 주택임대사업자 등록신청을 하면 된다. 세무서 사업자등록은 주택임대 유형에 따른 업종코드를 적용해 면세사업자로서 신청하면 된다.

【주택임대사업자 업종코드】

업종코드	종목		적용범위 및 기준	단순 경비율	기준 경비율
	세분류	세세분류			
701101	부동산 임대업	주거용건물임대업	「소득세법」 제12조에 따른 기준시가 9억 원을 초과하는 주택	37.4	15.2
701102	부동산 임대업	주거용건물임대업	기준시가가 9억 원을 초과하지 않는 아파트, 공동주택, 다가구주택, 단독주택	42.6	13.1
701103	부동산 임대업	주거용 건물임대업(장기임대 공동·단독주택)	국민주택(공동주택, 단독주택) 5호 이상을 5년 이상 임대한 경우에 적용	61.6	17.9
701104	부동산 임대업	주거용건물임대업(장기임대 다가구주택)	국민주택(다가구주택) 5호 이상을 5년 이상 임대한 경우에 적용	59.2	19.0

65 주택임대사업자로 등록하면 어떤 지방세 감면을 받을 수 있나요?

◇ 취득세

　지방자치단체에 주택임대사업자로 등록해 최초로 공동주택 또는 오피스텔을 분양받는 경우 취득세 감면 혜택을 받을 수 있다. 2020년 8월 18일 이후 다주택자 취득세가 최대 12%까지 올랐음을 떠올려 보자. 취득하는 주택이 조정대상지역인지, 취득 주택을 포함한 주택 수가 얼마나 되는지에 따라 주택 취득세율이 달라진다.

주택 취득세 세율

구분	주택수	세율	
		조정대상지역	비조정대상지역
개인	1주택	1~3%	
	2주택	8%	1-3%
	3주택	12%	8%
	4주택 이상	12%	
다주택자가 조정대상 지역 기준시가 3억원 이상 증여*		12%	
법인		12%	

＊일반적인 증여로 인한 취득세는 3.5%

1) 매입임대사업자 취득세 감면

　민간임대주택에 관한 특별법에 따른 장기임대주택사업자가 전용면적 60제곱미터 이하의 공동주택·오피스텔을 건축주로부터 최초로 분양받으면 2024년 12월 31일까지 취득세 전액을 면제받을 수 있다.

　장기임대주택(10년 이상 장기 임대를 충족하며 전용면적 60제곱미터~85제곱미터인 주택)을 20호 이상 취득하거나, 20호 이상의 장기임대주택을 보유한 임대사업자가 추가로 장기임대주택을 취득하면 취득세의 절반을 감면받을 수 있다.

【주택임대사업자 취득세 감면】

구분	주택임대사업자 등록
감면주택	공동주택(아파트 제외) 또는 오피스텔을 최초로 분양
면적요건	전용면적 60㎡ 이하
가액요건	취득가액 6억 원(수도권 밖 3억 원)이하
임대유형	장기임대주택(10년 이상)
증액제한	임대료(임대보증금) 증액률 5% 이내 준수
등록요건	취득일로부터 60일 이내 지자체에 임대주택으로 등록

＊ 2020년 8월 12일 이후 취득분부터 가액요건 적용

바로 앞 질문에서 살펴보았듯 2020년 8월 18일 임대주택법 개정으로 아파트는 장기임대주택등록 대상이 아니다. 다세대주택과 오피스텔을 최초로 분양받아 10년 장기임대주택으로 등록해야 취득세 감면을 받을 수 있다. 즉, 공동주택을 분양이 아닌 매매, 상속, 증여로 취득하는 경우 취득세 감면 혜택을 받을 수 없다. 단독주택, 다가구주택은 공동주택 및 오피스텔이 아니므로 주택임대사업자로 등록해도 감면 혜택을 받을 수 없다.

2) 건설임대사업자에 대한 취득세 감면

건설임대사업자도 임대 목적으로 전용면적 60제곱미터 이하 공동주택(다세대만·해당. 다가구, 오피스텔은 제외)을 건축해 10년 장기건설임대주택으로 등록하면 취득세를 면제받는다. 역시 아파트는

장기임대주택에서 제외되었으니 취득세 감면을 받을 수 없다.

3) 최소납부제도

지방세 감면세액이 200만 원을 초과하면 85% 감면이 적용된다. 즉, 감면세액이 200만 원을 초과하는 경우 취득세 100% 감면을 받더라도 15%는 세금으로 내야 한다는 것이다. 취득세액이 200만 원 이하이면 최소납부제도를 적용받지 않고 100% 감면 혜택이 들어간다.

4) 추징

다음의 경우에는 감면된 취득세가 추징된다.

- 주택임대사업자가 의무 임대 기간 내에 임대주택을 임대 외의 용도로 사용하는 경우
- 의무 임대 기간 내에 임대주택을 매각·증여하는 경우
- 민간임대주택에 관한 특별법 제6조에 따라 임대사업자등록이 말소된 경우

특히 임대조건(임대료 증액제한)을 위반하면 임대등록이 말소되고 취득세가 추징되니 주의해야 한다.

단, 임대 의무 기간 중 임대사업자가 임차인의 동의를 얻어 사업자등록을 말소하는 경우, 지방자치단체장에게 허가를 받아 임

대주택을 양도하는 경우, 폐지된 임대주택(단기임대주택·장기임대주택 중 아파트)으로서 등록말소를 신청한 경우는 추징되지 않는다.

재산세

재산세는 과세기준일인 6월 1일 기준 주택, 건축물 등을 소유하면 부과되는 세금이다. 주택분 재산세는 7월에 건물분 재산세로 1/2, 9월에 토지분 재산세로 1/2 나누어 낸다. 주택분 재산세가 20만 원 미만이면, 7월에 일괄 부과된다.

재산세 납부기한

· 주택분 재산세 1/2(건물분 재산세) : 7.16.~ 7.31
· 주택분 재산세 1/2(주택분 재산세) : 9.16 ~ 9.31

재산세 과세표준은 시가표준액에 적용률을 곱해서 계산하는데 토지 및 건축물은 70%, 주택은 60% 적용률을 적용한다.

【주택분 재산세】

과세표준	세율	누진공제액
6천만 원 이하	0.1%	-
6천만 원 초과 1억 5천만 원 이하	0.15%	30,000원
1억5천만 원 초과 3억 원 이하	0.25%	180,000원
3억 원 초과	0.40%	630,000원

임대사업자등록을 하면 이러한 재산세를 감면받을 수 있다. 감면 유형은 단기·장기임대사업자 모두 감면받을 수 있는 '임대사업자에 대한 재산세 감면'과 장기임대사업자 대상인 '장기임대주택 등에 대한 감면' 2가지가 있다. 취득세 감면은 최초 분양받은 경우만 적용받을 수 있지만, 재산세 감면은 최초 분양 외 매매, 상속, 증여로 취득한 경우도 적용받을 수 있다.

66

주택임대사업자로 등록하는 경우 의무와 과태료는 어떻게 되나요?

이렇게 주택임대사업자 등록을 하면 세제 혜택이 부여됨과 동시에 각종 의무를 이행해야 하며, 이를 이행하지 않으면 과태료를 내야 한다. 의무 임대 기간 이내에 사업자등록을 말소하면 3천만 원의 과태료가 부과되고, 5% 임대료 증액제한 요건을 준수해야 한다.

또 2020년 8월 18일 이후 임대주택을 등록하면 임대보증금에 대한 보증보험에 의무적으로 가입해야 한다. 2020년 8월 17일 이전에 임대주택을 등록한 사업자는 새로운 임대차계약을 체결할 때부터 가입해야 한다.

각종 의무와 과태료를 더 자세히 짚어보면 다음과 같다.

1) 임대사업자 설명의무 : 과태료 500만 원 이하

주택임대사업자는 임차인에게 의무 임대 기간, 임대료 증액제한(5%), 임대주택 권리 관계(선순위 담보권, 세금 체납 사실 등)에 대해 설명해야 한다.

※ 둘 이상 임대차계약이 존재하는 다가구주택 등은 선순위 임대보증금에 대해서도 설명해야 한다.(2020년 12월 10일 이후)

2)소유권 등기상 부기등기 의무(2020.12.10. 이후) : 과태료 500만 원 이하

주택임대사업자는 등록한 임대주택이 의무 임대 기간과 임대료 증액기준을 준수해야 하는 재산임을 소유권등기에 부기등기해야 한다.

3)임대차계약(변경) 신고의무(민간임대주택법 제46조) : 과태료 1,000만 원 이하

주택임대사업자는 임대차계약 체결일(변경신고는 변경일)로부터 3개월 이내 임대료, 임대기간 등 임대차계약사항(재계약, 묵시적 갱신 포함)을 관할 지방자치단체에 신고해야 한다.

4)표준계약서 사용의무(민간임대주택법 제47조) : 과태료 1,000만 원 이하

임대차계약(변경)신고 시 다음 사항이 포함된 표준임대차계약서를 사용해야 한다.

· 임대료 및 증액에 관한 사항, 임대차계약 기간
· 임대주택의 선순위 담보권 등 권리 관계에 관한 사항
· 임대사업자 및 임차인의 권리·의무에 관한 사항
· 임대주택의 수선·유지 및 보수에 관한 사항
· 임대 의무 기간 중 남은 기간과 임대차계약의 해제·해지 등에
  관한 사항

5) 임대료 증액 제한 의무(민간임대주택법 제44조) : 과태료 3,000만 원 이하

임대료(임대보증금 및 월 임대료)를 증액하는 경우 임대료의 5% 범위를 초과해 임대료를 증액할 수 없다. 임대차계약 또는 약정한 임대료 증액 이후 1년 이내에는 임대료를 증액할 수 없다.

6) 임대 의무 기간 준수 의무 : 임대주택당 과태료 3,000만 원 이하

임대 의무 기간(10년) 중 등록임대주택을 임대하지 않거나(본인 거주 포함), 무단 양도할 수 없다. 다만 민간임대주택법 개정으로 폐지된 단기임대주택·장기임대주택 아파트에는 자진 말소하면 과태료를 부과하지 않는다.

7) 임대차계약 유지의무 : 과태료 1,000만 원 이하

주택임대사업자는 임차인에게 귀책사유가 없는 한 임대차계

약을 해제·해지하거나 재계약을 거절할 수 없다.

8)임대사업 목적 유지의무 : 과태료 1,000만 원 이하

오피스텔을 등록한 경우 주거 용도로만 사용해야 한다.

9)임대보증금 보증의무 : 보증금의 10% 이하에 상당하는 과태료
(상한 3천만 원)

주택임대사업자는 등록임대주택에 대해 임대 의무 기간 종료일까지 임대보증금 보증보험에 가입해야 한다.

10) 보고·검사 요청 시 협조 의무 : 과태료 500만 원 이하

관리관청이 임대사업자에게 필요한 자료 제출을 요청하거나 관련 검사를 하면 적극적으로 협조해야 한다.

【주요 과태료 부과기준】

(단위: 만 원)

위반행위	1차	2차	3차
설명의무를 게을리 한 경우	500	500	500
부기등기를 하지 않은 경우	200	400	500
임대차계약(변경) 신고의무를 하지 않은 경우	500	700	1,000
표준계약서 사용하지 않은 경우	500	700	1,000
임대료증액제한 위반·임대 의무 기간 위반한 경우			

위반행위	1차	2차	3차
① 위반 건수가 10건 이상인 경우	2,000	3,000	3,000
② 위반 건수가 2건 이상 ~ 10건 미만	1,000	2,000	3,000
③ 위반 건수가 1건인 경우	500	1,000	2,000
임대 의무 기간을 준수하지 않은 경우	임대주택당 3,000		
임대차계약 유지의무 위반한 경우	500	700	1,000
임대사업 목적 유지의무 위반한 경우	500	700	1,000
보고·검사 요청 시 협조 의무	500	500	500
시장·군수·구청장 허가 없이 임대 의무 기간 중 임대사업자가 아닌 자에게 임대주택을 양도한 경우	임대주택당 3,000		

＊위반행위 횟수에 따른 과태료는 1년간 같은 위반 행위에 대해 적용한다.

예외적으로 다음 사유에 해당한다면 민간임대주택을 임대 의무 기간 내 양도해도 과태료를 부과하지 않는다.

- 다른 임대사업자에게 양도받은 임대사업자가 임대 의무 기간이 남은 주택을 임대주택으로 등록하는 경우
- 2년 연속 적자를 내고 현금 잠식이 발생하는 등 임대사업을 계속하기 어려운 경우

67 주택임대사업자의 국세 세제 혜택은 어떤 것이 있나요?

1) 장기임대주택 세제 혜택

아래 요건을 모두 갖춘 장기임대주택은 거주 주택 비과세, 양도세 중과배제, 종부세 합산배제, 장기보유특별공제 우대 적용 (50% 또는 70%, 국민주택규모 이하 주택인 경우) 혜택을 받을 수 있다.

양도소득세 중과배제

다주택자가 조정대상지역 내 주택을 양도할 경우, 기본세율에 20%(2주택자) 또는 30%(3주택자)를 가산해 중과세율을 적용한다. 2018년 9월 13일 이전에 취득한 주택(아파트 제외)은 임대 개시일 당시 기준시가가 6억 원(수도권 밖은 3억 원)이하이면 지금 장기임대주택으로 등록해도 양도세 중과배제 혜택을 받을 수 있다.

종합부동산세 합산배제

　주택임대사업자가 장기임대주택의 요건을 충족한 주택(아파트 제외, 2018년 9월 14일 이후 취득한 주택 제외)을 보유한 경우 합산배제 신고를 하면 종합부동산세가 부과되지 않는다.

거주 주택 비과세

　1세대가 일정한 요건을 충족한 장기임대주택, 거주 주택을 소유한 상태에서 거주 주택(2년 이상 거주)을 양도하면 장기임대주택은 없는 것처럼 취급되고 거주 주택 비과세를 적용받을 수 있다. 세법 개정으로 2019년 2월 12일 이후 취득하는 주택에 대해서는 평생 1회 거주 주택 비과세 혜택을 받을 수 있다.

2) 장기임대주택 외 임대주택의 양도세중과배제, 종부세합산배제

아래 요건을 충족해야 적용받을 수 있다.

- 비조정대상지역 소재 임대주택, 건설임대주택
- 2018년 9월 13일 이전에 취득한 조정대상지역의 주택으로
  2020년 7월 11일 이후 장기임대주택으로 등록

거주 주택 비과세

아래 요건을 충족한 장기임대주택 보유자가 2년 이상 거주한

주택을 양도하는 경우, 거주 주택 비과세를 적용받을 수 있다. 아파트를 제외한 모든 주택은 다음 요건에 해당하고 10년 장기임대 주택 등록을 해야 거주 주택 비과세 혜택을 받을 수 있다.

- 지방자치단체에 단기 또는 장기임대주택으로 등록, 임대료와 임대보증금 증액 제한 5% 준수(2019년 2월 12일 이후 임대차계약을 갱신하거나 새로 체결하는 분부터 적용)
- 임대를 시작하는 시점의 기준시가가 6억 원(수도권 밖은 3억 원)을 초과하지 않을 것
- 2020년 7월 10일 이전 등록: 단기 또는 장기임대주택으로 등록 후 5년 이상 임대
- 2020년 7월 11일 ~ 2020년 8월 17일 등록: 장기임대주택으로 등록 후 8년 이상 임대
- 2020년 8월 18일 이후 등록: 장기임대주택으로 등록하고 10년 이상 임대

68 주택임대사업자의 장기보유특별공제 추가공제와 감면 혜택은 무엇인가요?

주택임대사업자에게 부여되는 장기소유특별공제 추가공제에 대해 더 자세히 알아보자.

1) 장기보유특별공제 추가적용

장기보유특별공제는 보유 기간이 3년 이상인 토지, 건물(미등기 양도자산 제외), 조합원입주권(조합원으로부터 취득한 것은 제외)을 양도하는 경우 최대 30%(15년 이상 보유) 또는 80%(1세대1주택으로 10년 이상 보유)를 양도차익에서 차감해 투기 대신 장기간 보유를 권장하고 세제 혜택을 주는 제도이다.

주택임대사업자는 아래 요건을 모두 충족한 임대주택을 6년 이상 임대하고 양도하면 장기보유특별공제율에 추가공제를 받을 수 있다.

◇ **추가공제 요건**

- 임대개시 당시 기준시가가 6억 원(수도권 밖은 3억 원) 이하
- 단기 또는 장기임대주택으로 등록해 6년 이상 임대
- 2018년 3월 31일까지 지방자치단체와 세무서에 주택임대사업자로 등록

【장기보유특별공제 추가공제율】

임대기간	추가공제율
6년 이상 7년 미만	2%
7년 이상 8년 미만	4%
8년 이상 9년 미만	6%
9년 이상 10년 미만	8%
10년 이상	10%

2) 장기임대주택에 대한 양도소득세 과세특례

주택임대사업자가 아래 요건을 모두 충족한 장기임대주택을 8년 이상 임대하고 양도하면 임대 기간 중 발생한 양도차익에 대해 50%(8년 이상 임대) 또는 70%(10년 이상 임대) 상당의 장기보유특별공

제 과세특례를 적용한다.

◇ **장기보유특별공제 과세특례 요건**
- 국민주택의 규모보다 전용면적이 작은 주택을 임대(다가구주택은 가구당 전용면적 기준)
- 임대보증금 또는 임대료 상승 한도 연 5% 이상 준수
- 임대 개시 당시 기준시가 6억 원(수도권 밖은 3억 원) 이하
- 지방자치단체 및 세무서에 장기임대주택으로 임대사업자등록(매입임대주택: ~2020.12.31., 건설임대주택: ~2022.12.31.)하고 8년 또는 10년 이상 임대한 후 양도할 것
  ＊2018년 9월 14일 이후 취득분부터 적용

3) 추가적용의 배제

장기보유특별공제 추가적용과 양도세 과세특례는 둘 중 하나만 적용받을 수 있다. 장기임대사업자등록을 하고 8년 이상 임대해 장기임대주택 요건이 되면 50%(8년 이상 임대), 70%(10년 이상 임대) 장기보유특별공제 추가적용을 받는 게 더욱 유리하다.

특별공제 추가적용은 거주자·비거주자 모두, 과세특례는 거주자만 적용받을 수 있다.

참고로 양도세 과세특례는 공동명의 주택을 장기임대주택으로 등록한 경우도 받을 수 있다.

※ 조특, 기획재정부 재산세제과-766. 2020.09.03

2인 이상이 공동으로 소유하는 주택의 경우 공동명의로 1호 이상의 주택을 임대등록하고 각각의 공동사업자가 「조세특례제한법」 제97조의3 제1항 각 호의 요건을 모두 충족한 경우 소유한 지분의 양도로 인해 발생하는 양도차익은 「조세특례제한법」 제97조의3에 따른 양도소득세 과세특례가 적용되는 것임.

4) 장기임대주택 양도소득세 감면

임대주택 양도 시 아래 요건을 모두 충족하면 임대 기간 중 발생한 양도차익에 대한 양도소득세를 전액 감면받을 수 있다. (감면된 세액의 20%만 농어촌특별세로 납부) 다만 건설임대주택에는 적용 불가하고, 장기보유특별공제 추가적용·양도소득세 과세특례와 중복 적용받을 수도 없다..

◇ 양도소득세 전액 감면 요건

- 2018년 12월 31일까지 임대주택을 취득하고 3개월 내 지방자치단체와 세무서에 장기임대주택으로 등록해야 한다.
- 규모는 국민주택보다 작고 임대개시일 당시 기준시가가 6억 원(수도권 밖은 3억 원)을 초과하지 않아야 한다.
- 장기임대주택으로 등록하고 10년 이상 임대 후 양도해야 한다. (아파트는 법 개정으로 임대 의무 기간인 8년이 지나면 자동말소되고 임대 기간 10년을 채울 수 없어 감면 적용 불가능)

- 임대보증금 또는 임대료 증가율이 5%를 초과하지 않아야
  한다.

69

주택임대사업자 자동말소, 자진말소는 무슨 차이가 있나요?

먼저 본인의 임대주택이 어떤 유형이며 자동말소 대상에 해당하는지 확인해야 한다.

【민간임대주택에 관한 특별법에 따른 유형별 임대주택】

주택 구분		유형별 폐지·유지 여부	
		매입임대	건설임대
단기임대	단기민간임대주택(4년)	폐지	폐지
장기임대	장기일반민간임대주택	유지 (아파트는 폐지)	유지

1) 폐지된 임대주택에 대한 자진말소와 자동말소

2020년 8월 17일 이전에는 3천만 원의 과태료를 내고 처분한 경우에만 임대사업자등록말소를 진행할 수 있었다. 그러나 현재는 민간임대주택법 개정으로 폐지된 유형의 주택(단기임대 4년, 아파트 등)에 대해서도 임대사업자등록말소가 가능하다.

자진말소

자진말소란 폐지된 임대주택의 임대 기간이 절반 지난 경우 주택임대사업자가 직접 신청해서 임대사업자등록을 말소하는 것을 가리킨다. 자진말소를 위해서는 임대주택 등록 기간 중 임대료 상한 5% 제한 요건을 위반한 일이 없어야 하며 임차인의 동의를 구해야 한다.

자동말소

자동말소는 폐지된 임대주택 유형 중 아파트의 민간임대주택법상 의무 임대 기간이 끝나면 임대사업자등록이 자동말소되는 것이다. 자동말소 후에는 임대주택사업자 지위를 유지할 수 없다.

2) 매입임대주택 자동·자진말소에 따른 세제 지원 변경

민간임대특별법 개정 후 변경된 세제 지원을 단기임대주택, 장기임대주택 유형에 따라 정리해 보았다.

【자진말소·자동말소에 따른 세제 지원】

구분	단기임대(4년)		장기임대(8년, 아파트)	
말소등록	자동말소	자진말소	자동말소	자진말소
양도세 중과배제	양도 시기 무관	말소 후 1년 이내 양도 시	양도 시기 무관	말소 후 1년 이내 양도 시
거주 주택 양도세 비과세	말소 후 5년 이내 양도 시 비과세			
종부세 합산배제	보유 중 합산배제(말소 후 합산)			
장기보유특별공제	혜택 없음		말소 후 50%	혜택 없음

　　의무임대기간을 채우지 못 했더라도 자진말소·자동말소가 이뤄진 경우 이미 경감받은 종합부동산세 추징은 없다. 아울러 의무 임대 기간의 첫날을 잘못 이해하고 '왜 세제 혜택을 받을 수 없는지' 문의가 간혹 있어서 첫날(기산일)이 언제인지 정확히 알아야 한다.

의무임대기간 기산일

구분	의무임대기간 기산일
민간임대주택법	지방자치단체 등록일, 실제 임대 개시일 중 늦은 날
세법	지방자치단체 등록일, 실제 임대 개시일, 사업자등록일 중 늦은 날

70 주택임대사업자는 사업장현황신고와 종합소득세신고를 꼭 해야 하나요?

2019년 귀속 소득부터는 총수입금액 2천만 원 이하에 대해서도 주택임대사업자의 주택임대소득에 대한 소득세를 부과하고 있다. 주택임대소득은 부부 합산 주택 수를 기준으로 한다.

1) 주택임대소득세 과세요건

주택임대소득 과세대상은 부부 합산 2주택 소유자의 월세, 3주택 이상 소유자의 간주임대료다. 다만 1주택 소유자여도 월세를 받는 주택의 기준시가가 9억 원을 초과하면 주택임대소득세 과세 대상이다. 간주임대료란 전세 또는 월세 보증금 수익을 임대료로 간주해 보증금에 일정 이율을 곱하고 산정한 금액이다.

【주택임대소득 과세요건】

주택수	월세	보증금 등
1주택	비과세	간주임대료 과세 제외
2주택	과세	
3주택 이상		간주임대료 과세

2) 주택수 계산

구분	계산 방법
다가구 주택	1개의 주택으로 보되, 구분등기된 경우에는 각각 1개의 주택으로 계산
공동소유	① 지분이 가장 큰 자의 소유로 하되, ② 지분이 가장 큰 자가 2인 이상이면 각각의 소유로 계산하고, 합의 시 둘 중 1인을 주택의 귀속자로 정할 수 있음
전대	임차받은 주택을 전대하는 경우 임차인의 주택으로 계산
부부소유	본인과 배우자가 각각 주택을 소유하는 경우에는 합산

3) 비과세 임대소득

부부 합산 1주택 소유자의 주택임대소득(기준시가 9억 원을 초과하는 주택, 국외 소재 주택 제외)은 비과세 대상이다.

4) 사업자등록신청·미등록가산세

2020년부터 주택임대소득이 있는 사업자는 사업개시일 후 20일 내 소득세법에 따라 사업자등록을 신청해야 한다. 주택임대업은 부가가치세가 면제되는 면세사업으로 부가가치세 신고·납부 의무는 없는 대신 사업장현황신고 의무를 진다.

사업자등록은 물건 관할 세무서에 각각 하는 것이 원칙이다. 단, 지방자치단체에 주택임대사업자로 등록한 사업자는 해당 등록 주소지의 세무서에서 사업자등록 신청을 할 수 있다.

만약 사업자등록을 신청하지 않으면 사업개시일부터 등록 신청일 전날까지 주택임대수입금액의 0.2%만큼이 가산세로 부과된다.

5) 사업장현황신고와 종합소득세신고

사업장현황신고

면세사업자는 과세기간종료일(12월 31일) 후 다음해 2월 10일까지 사업장현황신고를 해야 한다. (법인면세사업자는 예외) 2개 이상의 사업장을 가진 사업자는 각 사업장별 신고를 해야 한다.

사업장현황신고 미신고로 인한 가산세는 없다. 그러나 국세청에 수입금액 확정, 기본경비 확정 자료가 생성되어 불성실사업자로 분류될 수 있으니 사업장현황신고를 하는 것이 안전하다.

종합소득세신고

2019년 귀속 소득부터 주택임대사업자는 총수입금액의 합계액이 2천만 원 이하여도 분리과세와 종합과세 중 선택하고 종합소득세신고를 해야 한다.

- 종합과세방식 : (주택임대소득 + 종합과세대상 다른 소득) × 누진세율(6~45%)
- 분리과세방식 : 주택임대소득 × 14% + 종합과세대상 다른 소득 × 누진세율(6~45%)

71 주택임대소득의 계산방법은 무엇인가요?

종합소득(이자·배당·사업·근로·연금·기타소득)이 있는 사람은 다음 해 5월 1일부터 5월 31일(성실신고확인서 제출자는 6월 30일)까지 종합소득세를 신고·납부해야 한다. 주택임대소득자도 매년 5월 종합소득세신고를 해야 한다.

1) 주택임대소득 계산

종합과세는 소득의 종류가 무엇이든 모든 소득을 합산해 과세하는 방식이다. 분리과세는 주택임대소득을 종합소득에 합산하지 않고 나눠 과세한다.

총수입금액 2천만 원을 초과하는 경우

총수입금액에서 필요경비를 차감한 주택임대소득 금액을 다른 종합과세대상 소득과 합산해서 6%~45% 초과누진세율로 신고·납부해야 한다. 소득이 높을수록 세율도 높아지므로 종합과세하면 분리과세보다 부담이 커질 수 있다.

총수입금액이 2천만 원 이하인 경우

주택임대소득만 분리과세하는 방법과 종합과세하는 방법 중 선택해 신고할 수 있다.

【주택임대소득 분리과세 방법】

구분	등록임대주택*	미등록임대주택
수입금액	월세+간주임대료	
필요경비	수입금액×60%	수입금액×50%
소득금액	수입금액-필요경비	
기본공제**	4백만 원	2백만 원
산출세액	과세표준×14%	
소득세감면	단기(4년):30%, 장기(8년, 10년):75%	-
결정세액	산출세액-세액감면	산출세액

＊등록임대주택은 세무서와 지자체에 모두 등록하고, 임대료 증가율이 5%를 초과하지 않아야 한다

＊＊분리과세 주택임대소득을 제외한 종합소득금액이 2천만 원 이하인 경우 공제한다.

◇ **소형주택 주택임대소득자에 대한 소득세 감면**

주택임대사업자가 아래 요건을 모두 충족한 경우 세액감면 혜택을 받을 수 있다. 소득세감면은 분리과세 또는 종합과세 신고(추계신고 포함)할 때 똑같이 적용된다.

① 지방자치단체 및 세무서에 주택임대사업자등록
② 국민주택 규모보다 작은 주택을 임대 (주거전용면적이 1호당 85제곱미터 이하, 수도권 밖 읍·면 지역은 100제곱미터 이하)
③ 임대 의무 기간 준수
④ 주택 및 부수토지의 기준시가 합계액이 해당 주택의 임대개시일 당시 6억 원을 초과하지 않을 것
⑤ 임대보증금 또는 임대료의 연 증가율이 5%를 초과하지 않을 것

단기임대주택은 산출세액의 30%, 장기임대주택은 75%를 감면한다. 2021년 1월 1일 이후 2호 이상 주택을 임대하는 경우 단기임대주택은 20%, 장기임대주택 50%로 감면율이 축소되었다.

【소형주택임대사업자 소득세 감면율】

구분		세액 감면율	
		단기임대주택	장기임대주택
2020년 이전		30%	75%
2021년 이후	1호 임대	30%	75%
	2호 이상 임대	20%	50%

2) 총수입금액의 계산

주택임대소득의 총수입금액은 1년간 받은 월세와 보증금 등에 간주임대료의 합계로 계산한다.

간주임대료

소유 주택(3주택 이상)의 보증금 합계액이 3억 원을 초과하는 경우 간주임대료를 연간 수입에 합산하면 된다. 단, 주거전용 면적이 1호당 40제곱미터 이하고 기준시가가 2억 원 이하면 주택수에 포함하지 않는다.

＊간주임대료 = (보증금 등-3억 원)의 적수 × 60% × 1/365× 정기예금이자율(1.2%)

선세금에 대한 총수입금액

선세금에 대한 총 수입금액은 총 계약 기간 월수 중 해당 기간의 월수의 비율을 곱해 계산한다.

＊총수입금액 = 선세금 × (해당 기간 월수/계약 기간 월수)

관리비수입

임대료 외에 관리비를 별도로 받는다면 총수입금액에 관리비가 포함되어야 한다. 공공요금 징수액의 초과 액수는 총수입금액에 산입해야 한다.

3) 종합소득세 필요경비

주택임대소득금액은 총수입금액에 대응되는 필요경비를 차감해 계산한다. 필요경비는 다음 비용들을 가리킨다.

- 수선비, 유지관리비, 임대용 주택의 손해보험료, 통신비용
- 제세공과금, 임대용 주택 취득을 위해 사용된 부채에 대한 지급이자
- 임대용 주택의 감가상각비

72 장부 작성이 어려운 영세사업자의 주택임대 소득세 신고는 어떻게 해야 하나요?

1) 기장의무

부동산임대사업자는 기본적으로 장부를 작성하고 매년 5월 종합소득세를 신고·납부해야 한다. 직전 연도의 수입금액이 7,500만 원이 넘으면 복식부기로 기장을 하면 된다. 7,500만 원보다 작거나 신규사업자라면 간편장부로 대체할 수 있다.

2) 추계신고

장부작성이 어려운 주택임대사업자라면 추계신고를 어떻게 해야 할까? 직전 과세기간 수입금액이 2,400만 원 이상 혹은 해당

과세기간의 수입금액이 7,500만 원 이상이면 기준경비율을 적용하고, 그 외의 경우에는 단순경비율을 적용한다.

기준경비율에 의한 소득금액의 계산

기준경비율 적용대상자라면 재화의 매입비용, 인건비, 사업장 임차료는 세금계산서, 계산서, 신용카드, 현금영수증을 수취해야 경비로 인정받을 수 있다. 주요경비 외의 기타경비에는 기준경비율을 적용한 다음 소득금액을 계산한다.

단순경비율로 계산한 소득금액에 배율(간편장부 작성 대상자는 2.8, 복식부기 기장 대상자는 3.4)을 곱한 금액을 상한소득으로 한다.

기준경비율 소득 : 괄호 중 작은 액수(①, ②)
① 수입금액 − 주요경비(매입비용 + 임차료 + 인건비) − 수입금액 × 기준경비율
② 수입금액 − (수입금액 × 단순경비율) × 2.8(복식부기 기장 대상자는 3.4)

단순경비율에 의한 소득금액 계산

단순경비율 적용대상자는 단순경비율을 적용하고 필요경비 전부를 계산한다.

단순경비율에 의한 소득금액 : 수입금액 − (수입금액 × 단순경비율)

주택임대업의 경비율은 고가주택, 장기임대주택, 전대 여부에 따라 달라진다.

【주택임대업의 경비율('20년 귀속)】

코드번호	구분	단순경비율	기준경비율
701101	고가주택(기준시가 9억 초과)	37.4	15.2
701102	일반 주택(기준시가 9억 원 이하)	42.6	13.1
701103	장기임대공동·단독주택(국민주택 5년 이상, 5호 이상 임대)	61.6	17.9
701104	장기임대다가구주택(국민주택 5년 이상, 5호 이상 임대)	59.2	19.0
701301	주택의 전대·전전세	43.4	3.8

단순경비율은 기준경비율보다 대략 3배 정도 높으므로, 실제 사용 경비가 많지 않으면 장부 기장보다 추계신고가 유리할 수 있다. 반면 직전 연도 수입금액이 2,400만 원 이상이면 기준경비율을 적용해야 하므로 간편장부 또는 복식부기로 기장한 후 신고하는 것이 유리하다.

신규사업자의 경우 첫해 수입금액이 7,500만 원보다 작고 단순경비율이 실제 사용한 경비보다 크다면 단순경비율로 추계신고하는 것이 절세에 좋은 방법이다.

【기장의무 판정】

업종	장부신고		단순경비율 대상	
	복식부기 기장 대상자	간편장부 작성 대상자	계속사업자 (직전연도기준)	신규사업자 (해당사업연도)
부동산임대업	7,500만 원 이상	7,500만 원 미만	2,400만 원 미만	7,500만 원 미만

3) 무기장 가산세

무기장 가산세는 사업자가 장부를 작성하지 않고 추계신고할 경우 산출세액의 20%를 가산세로 추가 납부하는 것이다. 다만 다음 조건의 소규모사업자에게는 무기장 가산세가 적용되지 않는다.

① 새로 사업을 개시한 사업자

② 직전 연도 사업소득의 수입금액이 4,800만 원에 못 미치는 사업자

③ 원천징수되는 사업소득만 있는 자

4) 기장세액공제

기장세액공제는 간편장부 작성 대상자가 복식부기로 기장해 신고하는 경우 산출세액의 20%를 공제해 주는 제도이다. 수입금액 7,500만 원 미만인 간편장부 작성 대상자도 복식부기로 기장하면 100만 원 한도에서 기장세액공제를 받을 수 있다.

73

주택임대사업자가 되면 건강보험료 피부양자 자격은 유지되나요?

1) 건강보험 피부양자 자격

직장을 다니지 않는 주택임대사업자는 건강보험 체계에서 지역가입자로 분류된다. 그리고 주택임대사업자로 등록하면 소득금액이 1원만 발생해도 건강보험료 피부양자에서 제외된다. 건강보험 피부양자 자격을 확보하려면 다음 요건을 모두 충족해야 한다.

① 부양요건

- 직장가입자의 배우자, 직계존속(배우자 직계존속 포함), 직계비속(배우자 직계비속 포함) 및 그 배우자

- 형제·자매(30세 미만, 65세 이상, 장애인, 국가유공자 및 보훈 대상 상이

자 중 소득, 재산, 부양요건 충족 시 인정)

- 이혼, 사별의 경우 미혼으로 인정
- 배우자의 계부모는 부모와 동일하게 인정

② 소득요건

- 사업자가 아닌 경우 : 이자·배당·사업·근로·연금·기타소득금
  액 합계액이 연 3,400만 원(2022년 7월부터 2,000만 원) 이하일 것
- 사업자등록이 있는 경우 : 사업소득금액이 없을 것
- 사업자등록이 없는 경우 : 사업소득금액이 연 500만 원 이하
  일 것

③ 재산요건

- 재산세 과세표준이 5억 4천만 원 이하일 것(2022년 7월부터 3억
  6천만 원 이하)
- 형제자매(65세 이상, 장애인, 국가유공자, 보훈대상자 한정)는 재산세
  과세표준이 1억 8천만 원 이하일 것
- 재산세 과세표준이 5억 4천만 원(2022년 7월부터 3억 6천만 원 초
  과) ~ 9억 원 이하이면서 이자·배당·사업·근로·연금·기타소
  득금액 합계액이 연 1,000만 원 이하일 것

2) 피부양자 자격 유지를 위한 월세수익 기준

주택임대수입금액이 2,000만 원 이하이면 분리과세를 적용받

을 수 있다. 그리고 등록임대주택은 수입금액의 60%, 미등록임대주택은 수입금액의 50%를 필요경비로 공제받을 수 있다.

다른 종합소득금액이 2,000만 원 이하면 기본공제금액 400만 원(등록임대), 200만 원(미등록임대)이 적용되며 2,000만 원을 초과하면 기본공제금액 200만 원(등록·미등록 불문)이 적용된다. 표로 정리하면 다음과 같다.

주택임대수입 2,000만 원 이하 + 다른 종합소득 2,000만 원 이하인 경우

구분	지자체 세무서 모두 등록	세무서만 임대사업자 등록
임대수입금액	10,000,000원	4,000,000원
필요경비	6,000,000원 (= 총수입금액 × 60%)	2,000,000원 (= 총수입금액 × 50%)
기본공제	4,000,000원	2,000,000
소득금액	0	0
월세 기준	**월 833,333원**	**월 333,333원**

주택임대수입 2,000만 원 이하 + 다른 종합소득 2,000만 원 초과인 경우

구분	지자체 세무서 모두 등록	세무서만 임대사업자 등록
임대수입금액	5,000,000원	4,000,000원
필요경비	3,000,000원 (=총수입금액 × 60%)	2,000,000원 (= 총수입금액 × 50%)

구분	지자체 세무서 모두 등록	세무서만 임대사업자 등록
기본공제	2,000,000원	2,000,000
소득금액	0	0
월세 기준	**월 416,666원**	**월 333,333원**

　　주택임대사업자등록 여부, 다른 종합소득이 2천만 원 이상인가의 여부에 따라 월세 금액을 조정하면 건강보험 피부양자 자격 조건을 유지할 수 있다.

9장

법인을 활용하는
부동산 절세 스킬

74 부동산매매법인의 장·단점은 무엇인가요?

법인이 절세 수단으로 활용되고 부동산 가격도 전반적으로 계속 오르면서 정부는 2020년 6·17 부동산 대책을 발표해 법인세를 대폭 강화했다. 이 장에서는 그래도 법인의 장점을 이용하고 세금 부담을 줄일 수 있는 팁들을 다루어 본다.

부동산매매법인의 장·단점을 항목별로 알아보자.

1) 장점

① 양도소득세 절감

개인 다주택자의 경우 2주택 이상 보유하면 20%, 3주택 이상 보유자는 30% 양도세 추가과세를 적용받지만, 법인은 다주택을 보유해도 법인세를 중과받지 않는다.

단기 매매에서도 개인의 부담이 큰데 1년 미만은 70%, 2년 미만은 60% 세율로 양도세 중과세를 적용받는다. 이에 비해 법인은 단기 매매에도 중과 적용을 받지 않으므로 단타매매를 하는 경우 법인으로 매매하는 것이 개인보다 유리하다.

② 임대소득세 절감

개인에게는 과세표준구간에 따라 초과누진세율(6~45%)을 종합소득세율로 적용한다. 반면 법인은 법인세율을 10%(과세표준 2억 원 이하) 또는 20%(과세표준 2억 원 초과) 세율로 적용하므로 임대소득세가 절감된다.

또 개인은 주택에 대한 간주임대료를 계산해서 수입금액으로 신고해야 하지만, 법인은 주택 임대에 있어 간주임대료를 계산하지 않는다.

③ 상속·증여세 절감

자녀를 주주로 참여시켜 법인을 설립하고 부동산가격이 상승하면 상승한 재산가액에 대한 증여세를 내야 한다. 법인의 주주는 재산가격이 상승해도 따로 증여세를 내지 않는다.

④ 비용처리 범위가 양도세에 비해 다양함

개인 양도소득세의 필요경비에 수익적 지출은 포함할 수 없다.

새시, 방이나 베란다 확장, 보일러 교체. 시스템에어컨 설치 등 자본적 지출 관련 비용만 인정된다. 반면 법인은 언급한 비용들은 물론이고 급여, 이자 비용, 교통비, 임차료까지 폭넓게 경비로 인정받을 수 있다.

⑤ 건강보험료 절감

법인의 대표자, 직원으로 등록하면 직장가입자로 분류되고 건강보험료 부담을 줄일 수 있다. 또 소득이 없는 직계존비속, 30세 이하 형제자매를 피부양자로 등록할 수도 있다.

2) 단점

① 토지 등 양도소득에 대한 법인세 추가과세

법인이 주택, 별장, 비사업용 토지, 미등기부동산, 분양권, 조합원입주권을 양도하는 경우 각 사업연도법인세 외에 양도소득의 20%를 법인세에 추가 납부해야 한다.

② 취득세 중과

개인과 달리 법인은 수도권 과밀억제권역 내 부동산을 취득하면 취득세를 중과받는다. 또 2020년 8월 12일 이후 기준시가 1억 원을 초과하는 주택을 취득하면 주택수, 조정대상지역 여부를 불문하고 12% 세율로 취득세 중과세가 적용된다.

③ 종합부동산 과세강화

2020년 발표된 6·17 대책에 따라 2021년부터 주택을 보유한 법인은 개인 종부세 세율(1.2%~6%)보다 강화된 종부세 세율(3%, 6%)을 적용받는다. 법인에는 세금 부담 상한이 없고, 6억 원 기본공제 대상도 아니기 때문에, 종부세 측면에서는 대단히 불리하다.

④ 과점주주에 대한 제2차 납세의무

법인이 국세, 지방세를 체납하면 법인재산에 대한 징수 처분이 진행된다. 그래도 징수가 100% 되지 않으면 과점주주에게 2차 납세 부담이 돌아간다. 과점주주란 주주 1인과 특수관계인의 지분을 합친 비율이 50%를 초과하는 주주다.

⑤ 장기보유특별공제 미적용

3년 이상 보유하면 장기보유특별공제(최대 30%, 1세대 1주택자 최대 80%)를 적용받는 개인과 달리 법인은 장기보유특별공제를 적용받을 수 없다.

⑥ 부가가치세 부담

법인사업자는 국민주택의 규모(전용면적 85제곱미터, 수도권 외 읍·면 지역은 전용면적 100제곱미터)보다 큰 주택을 양도하면 법인세와 부가세를 부담해야 한다.

75 법인 설립등기 및 사업자등록 방법은 무엇인가요?

　　부동산매매법인 설립은 법인설립등기(등기소)를 먼저 하고, 사업자등록신청(세무서) 후 법인계좌개설 및 카드신청(은행)을 하는 순서로 이루어진다. 법인 상호를 정할 때는 법원인터넷등기소 홈페이지 좌측 하단의 '법인상호 검색'에서 본인이 쓰고자 하는 상호가 중복되지 않는지 확인을 거쳐야 한다.

1) 법인 설립 유의사항

주식회사 설립을 위해서는 발기인이 정관을 작성하고 각 발기인이 기명날인 또는 서명해야 한다. 법인 설립 시 목적사항을 기재하게 되는데 나중에 업종을 추가하면 그때마다 법무사 비용, 수수료를 또 내야 하므로 하고 싶은 사업을 처음부터 모두 기재하는 것이 좋다.

법인 설립 후 대표자 주소 변경, 임원 변경, 본점 이전·지점 설치, 자본금 변경, 상호 및 목적 등을 변경할 때는 사유 발생일 후 2주일 이내 변경등기를 해야 한다. 변경등기를 하지 않으면 500만 원 이하의 과태료가 부과된다.

2) 법인 설립 자본금 규모

법률상 주식회사 설립 시 자본금 요건(5천만 원)이 삭제되어 이제는 자본금 100원 이상이면 법인을 설립할 수 있다. 법인을 설립할 때 등록면허세로 출자금액의 0.4%가 부과된다. 부동산 매매법인의 경우 부동산매매 자금을 대표자의 가수금(차입금)으로 충당해야 하므로 5천만 원 이상 여유 있게 자본금을 정하는 것이 좋다.

3) 발기인

발기인은 1주 이상 회사주식을 인수해야 한다. 주식회사 설립방식에는 발기설립과 모집설립이 있다. 발기설립은 설립 당시에 주식 전부를 발기인만 인수해 설립하는 것이다. 모집설립은 설립할 당시에 발기인 외 주주의 자금을 투자받고 설립하는 방식이다.

4) 법인 임원

자본금 10억 원 미만인 소규모 회사는 대표이사 1명으로 법인을 설립할 수 있다. 자본금 10억 원 이상일 경우 이사 3인 이상, 감사 1인 이상의 임원진 구성이 필요하다. 대표이사는 발기인 중 한 명이 맡거나 이사회 또는 주주총회에서 선임할 수 있다.

5) 사업자등록

사업자는 사업개시일 후 20일 이내 사업자등록신청서를 사업장 소재지 관할 세무서장에게 제출해야 한다. 부동산임대법인은 임대 부동산 소재지의 관할 세무서에 각각 사업자등록을 해야 하는데 지자체에 임대사업자로 등록했다면 본사 소재지 관할 세무서에만 사업자등록을 하면 된다.

참고로 사업자등록을 위해 반드시 상가를 임차할 필요는 없다. 부동산매매업은 별도 사업장 없이도 운영할 수 있기 때문이다.

사업자등록 서류

1. 임대차계약서(전대의 경우 전대 동의서)
2. 주주명부
3. 법인 등기부등본
4. 대표자의 신분증 또는 법인 인감증명서

6) 사업자단위과세

사업자단위과세는 여러 사업장을 보유 중인 경우, 주 사업장 등록을 통해 세금 신고 및 납부를 할 수 있는 제도이다. 부동산매매법인이 부동산을 임대하면 물건을 취득할 때마다 지점사업자등록을 하는 데 따른 번거로움을 겪는다. 사업자단위과세를 신청하면 법인 전체에 하나의 사업자번호가 부여되어 여러 지점도 단일 사업장일련번호로 관리할 수 있다.

76 수도권 과밀억제권역 내 법인을 설립하면 취득세, 등록면허세가 중과되나요?

수도권 과밀억제권역 안에서 법인을 설립해 과밀억제권역(산업단지 제외) 내 부동산을 취득하면 취득세가 중과된다. 수도권 인구집중과 경제집중을 분산하기 위해 취득세 중과규정이 도입되었다.

1) 수도권 과밀억제권역이란?

수도권에는 우리나라 경제력의 2/3가 집중되어 있고 국세 수입 비중도 3/4에 달한다. 수도권 과밀억제권역은 이처럼 인구와 산업이 지나치게 집중되었거나 더 집중될 우려가 있어 이전·정비를 유도하기 위해 설정한 지역이다. 그리고 수도권 과밀억제권역에서 산업단지를 제외한 지역은 대도시로 분류한다.

【수도권 과밀억제권역】

서울특별시	전 지역
인천시	강화군, 옹진군, 서구 대곡동·불로동·마전동·금곡동·오류동·왕길동·당하동·원당동 인천경제자유구역·남동국가산업단지 제외한 전 지역
경기도	의정부시, 구리시, 남양주시(호평동, 평내동, 금곡동, 일패동, 이패동, 삼패동, 가운동, 수석동, 지금동 및 도농동만 해당), 하남시, 고양시, 수원시, 성남시, 안양시, 부천시, 광명시, 과천시, 의왕시, 군포시, 시흥시(반월 특수지역은 제외)

2) 취득세 중과

부동산 관련 세금 중 부담이 가장 큰 세금 중 하나가 취득세이다. 설립된 지 5년이 지나지 않은 법인이 수도권 과밀억제권역 내(산업단지 제외)에서 부동산을 유상취득하면 취득세가 중과된다.

수도권 과밀억제권역에서 제외되는 산업단지는 국가산업단지인 가산디지털단지, 구로디지털단지, 일반산업단지인 온수산업단지, 마곡산업단지가 있다. 산업단지 내 본점을 둔 법인이 수도권 과밀억제권역 내 부동산을 취득하면 취득세가 중과되지 않는다. 하지만 부동산매매업 또는 부동산임대업은 산업단지 내 입주 가능한 업종이 아니므로 단지 내 법인 설립을 해서는 안 된다. 한국산업단지공단의 조사·고발을 당할 수 있다.

2021년 1월 1일 이후 법인이 주택을 취득하면 조정대상지역 여부를 불문하고 취득세율이 12%로 중과된다. 여기다 수도권 과밀억제권역 내 부동산 중과까지 받으면 높은 세율이 적용되므로 법인이고 주택을 취득하려 한다면 주의해야 한다.

【수도권 과밀억제권역 내 부동산 취득 중과세율】

구분	취득세 중과세율	농특세	지방교육세	합계
주택 외	표준세율(4%)×3배-2%(중과기준세율)×2=8%	0.2%	1.2%	9.4%
원시취득	표준세율(2.8%)×3배-2%(중과기준세율)×2=4.4%	0.2%	0.48%	5.08%
주택	12%	0.2%	1.2%	13.4%

3) 수도권 과밀억제권역 취득세 중과세를 피하려면?

첫째, 수도권 과밀억제권역 밖에 법인을 설립하고 권역 밖의 부동산을 취득하는 것이 가장 간단한 방법이다.

둘째, 수도권 과밀억제권역 내 설립된 지 5년이 지난 법인(휴면법인 제외)을 인수하면 취득세 중과를 피할 수 있다. 휴면법인이란 해산법인, 해산간주법인, 폐업법인, 법인인수일 이전 2년 이상 사업실적이 없고 1년 이내에 인수법인 임원의 절반 이상을 교체한 법인을 뜻한다.

셋째, 수도권 과밀억제권역 내 법인을 설립했어도 권역 밖의 부동산을 취득하면 설립연도와 관계없이 취득세 중과를 적용받지 않는다. 부동산은 인적시설이 없어 지점으로 보지 않으므로 취득세가 중과되지 않는다.

4) 법인 주택 취득세 중과를 피하려면?

2020년 8월 12일 이후 법인이 주택을 취득하면 취득가액에 12%의 세율을 적용해 취득세를 부과한다. 그런데 주택 공시가격 1억 원 이하 주택, 농어촌주택, 사원용 주택, 민간임대주택법에 따라 관할 지자체에 주택임대사업자등록을 한 경우 등에는 12%의 세율이 아닌 일반세율이 적용된다. 단, 과밀억제권역 내 설립된 지 5년이 안 된 법인이 과밀억제권역 내 부동산을 취득하면 12% 세율이 적용된다. 다음은 취득세 중과에서 제외되는 주택을 정리한 내용이다.

취득세 중과제외주택

1. 주택공시가격 1억 원 이하 주택(도시 및 주거환경정비법에 따른 정비구역, 빈집 및 소규모주택정비에 관한 특례법에 따른 사업시행구역에 소재하는 주택 제외)

2. 공공주택특별법에 따라 공공매입주택으로 공급하기 위해 취득하는 주택

3. 노인복지법에 따른 노인복지주택으로 운영하기 위해 취득하는 주택

4. 문화재보호법에 따른 등록문화재 주택

5. 민간임대주택에 관한 특별법에 따른 임대사업자가 공공지
   원 민간임대주택

6. 가정어린이집으로 운영하기 위해 취득하는 주택

7. 재개발사업을 위해 멸실목적으로 취득하는 주택

8. 사원용 주택으로 연면적 60제곱미터 이하 주택

9. 농어촌주택으로 대지면적이 660제곱미터 이내, 건축물의
   연면적이 150제곱미터 이내이며 건축물의 시가표준액 6천5
   백만 원 이하로 일정 지역에 소재하는 주택

5) 등록면허세

법인을 설립하거나 증자할 때 출자가액의 4/1000(세액이 11만
2,500원 미만이면 11만 2,500원)를 등록면허세로 내야 한다. 아래 경우
에는 등록면허세를 3배 중과한다.

- 대도시 내에서 법인 설립 또는 휴면법인 인수 후 5년 이내 증
  자하거나 지점, 분사무소를 설치하는 경우
- 대도시 밖에 있는 법인의 본점이나 주사무소를 대도시 내로
  전입하는 경우(전입 후 5년 이내 증자 포함)

【출자금액별 등록면허세】

자본금	1천만 원	5천만 원	1억 원	5억 원	10억 원
등록면허세	112,500	200,000	400,000	2,000,000	4,000,000
중과세	337,500	600,000	1,200,000	6,000,000	12,000,000

77 특수관계 주주가 법인을 설립할 때 유의할 점은 무엇인가요?

부동산매매법인 등 소규모법인은 편의상 가족 등 특수관계자들이 주주인 경우가 많다. 이렇게 과점주주가 있으면 2차 납세의무와 지방세 간주취득 문제가 발생한다.

＊과점주주 : 주주 1인과 특수관계인의 지분을 합해 50%를 초과하면서 그 권리를 실질적으로 아래와 같이 행사하는 자

① 해당 법인의 발행주식 총수 또는 출자총액의 50%를 초과하는 주식 또는 출자지분에 관한 권리를 실질적으로 행사하는 자

② 명예회장, 회장, 사장, 부사장, 전무, 상무, 이사, 그 밖에 명

칭 관계없이 법인의 경영을 사실상 지배하는 자

③ ①·②에 규정된 사람의 배우자(사실혼 포함) 및 그와 생계를 같이하는 직계존비속

과점주주 판정은 납세의무 성립일(12월 말 법인의 법인세·소득세:12.31.) 기준으로 판정한다.

1) 출자자의 2차 납세의무

법인의 재산으로 법인에 부과된 국세·지방세 및 가산금 등을 충당하고도 부족한 경우 과점주주는 2차 납세의무를 지므로 법인의 미납 국세에 지분율을 곱한 금액을 부담해야 한다.

2) 과점주주의 간주취득세

법인의 주식·출자 지분을 취득하고 과점주주가 되었을 때, 해당 과점주주는 법인의 부동산 등 취득세 과세대상인 자산을 취득하고 운용·처분할 수 있는 것으로 간주되어 취득세가 부과된다. 과점주주는 연대납세의무를 부담한다.

① 법인 설립 시 주식취득

간주취득세 과세대상에서 제외한다.

② 기존 과점주주가 주식을 추가 취득하는 경우

이때는 증가한 비율만큼 취득세가 부과된다. (이전 최고비율보다

증가하지 않았다면 취득세 미부과) 과거에는 5년 내 최고비율 기준이 있었지만, 2016년 이후로는 기간에 관계없이 이전 최고비율보다 증가하는 경우 취득세가 부과된다.

③ 비과점주주가 된 후 다시 과점주주가 된 경우

과점주주가 주식을 양도해 비과점주주가 되었다가 더 큰 지분비율로 주식을 재취득하고 과점주주가 되면 취득세가 부과된다.

④ 과점주주 내부거래의 경우

과점주주 내부 특수관계인끼리 주식 등을 거래하면 과점주주 전체 주식·지분비율은 그대로이므로 취득세가 부과되지 않는다.

＊과점주주 간주취득세 과세표준

$$= 취득세\ 과세대상\ 물건\ 장부가액 \times \frac{과점주주의\ 주식·출자의\ 총수}{해당\ 법인\ 주식·출자의\ 수}$$

＊과점주주 간주취득세 세율

과점주주의 간주취득에 대한 세율은 2%를 적용한다. 단, 별장, 고급오락장 등 사치성 재산은 취득세 중과세 대상으로 10%의 세율을 적용한다.

3) 성실신고확인제도

부동산임대업을 주로 하는 소규모법인은 매출과 비용의 적정 여부를 확인하고 작성한 성실신고확인서를 제출해야 한다. 소규모법인은 아래 요건에 해당하는 법인을 말한다.

① 부동산임대업을 주된 사업으로 하거나, 부동산 등의 권리 대여·이자·배당소득금액합계액이 기업회계기준에 따라 계산한 매출액의 70% 이상

② 사업연도 종료일 현재 지배주주 및 특수관계자의 지분율 50% 초과

③ 상시근로자 수 5인 미만

부동산매매법인은 부동산을 양도하지 않은 사업연도에는 주된 수입액이 부동산임대업에서 발생하므로 성실신고확인대상 법인으로 분류된다. 성실신고 확인에 직접 사용한 비용의 60%(150만 원 한도)는 세액공제를 받을 수 있고, 법인세 신고납부기한이 한 달 연장된다. 다만 과소신고한 과세표준이 10% 이상이면 공제받은 금액을 전액 추징한다. 성실신고확인서 제출의무를 이행하지 않으면 산출세액의 5%를 가산세로 부과한다.

78

법인 토지 등 양도소득에 대한 법인세 추가과세는 어떻게 되나요?

법인이 주택·별장·조합원입주권·분양권 및 비사업용 토지를 양도하면 토지 등 양도소득에 대한 법인세를 각 사업연도 소득에 대한 법인세에 추가해서 내야 한다. 2021년 1월 1일부터 토지 등 양도소득에 대한 법인세 세율이 20%로 인상되었다. 단, 비사업용 토지에 대한 추가 법인세율은 종전처럼 10%를 적용한다.

법인이 부동산 양도로 차익을 거두면 '고정자산처분이익'으로 영업외이익에 해당해 일반 법인세율로 각 사업연도 소득에 대한 법인세를 내야 한다. 법인의 부동산투기를 억제하기 위해 주택 등 일정 자산에 대해서는 토지 등 양도소득에 대한 법인세를 추가로 과세하고 있다. 개인은 조정대상지역 주택, 비사업용 토지에 대해서만 추가과세를 하지만 법인은 전국의 모든 주택에 대해 추가과세를 한다.

건물에 대한 감가상각을 하면 절세에 유리한지 문의가 있는데 결론부터 말하면 하지 않는 것이 유리하다. 상가는 토지 등 양도소득에 대해 추가과세를 하지 않으므로 불리하지 않지만, 주택은 감가상각할 경우 토지 등 양도소득이 증가하기 때문이다.

1) 과세대상 자산
① 국내 소재 주택(부수토지 포함) 및 별장
② 비사업용 토지
③ 조합원입주권, 분양권(2021년 1월 1일 이후 양도분부터 포함)

2) 과세대상 제외주택
다음 주택은 토지 등 양도소득에 대한 법인세 과세대상에서 제외된다.
① 아래 요건을 갖춘 임대주택
- 등록 당시 기준시가 6억 원 이하(수도권 외 3억 원)인 민간임대주택 및 공공임대주택
- 임대 의무 기간 준수
  · 2018년 3월 31일 이전: 단기임대주택 또는 장기임대주택으

로 등록하고 5년 이상 임대

　　·2018년 4월 1일 이후: 장기임대주택으로 등록하고 8년 이상 임대

　　·2020년 8월 18일 이후: 등록하고 10년 이상 임대

- 임대 의무 기간 중 임대료 증액 한도 5% 준수

- 지방자치단체 및 세무서에 주택임대사업자 등록

② 출자하지 않은 임원, 직원에게 제공하는 사택으로서 사택 제공 기간이 10년 이상인 주택

③ 저당권 실행 또는 채권변제를 대신해 취득한 주택으로 취득 일로부터 3년이 지나지 않은 주택

④ 아래 요건을 갖춘 농어촌주택

- 건물 연면적 150제곱미터 이내이며 건물의 부속토지 면적 660제곱미터 이내

- 건물과 그 부속토지의 가액이 기준시가 2억 원 이하

- 조세특례제한법 제99조의 41항 ①호에서 규정하는 수도권, 조정대상지역 등 제외

파산선고에 의해 토지 등의 처분, 도시 및 주거환경정비법 등에 따른 환지처분·교환 등으로 발생하는 소득, 주택신축판매법인 주택과 그 부수토지의 양도소득에는 토지 등 양도소득에 대한 법인세를 부과하지 않는다.

3) 계산방법

양도소득 금액(양도가액-장부가액)에 20%(미등기자산 40%) 세율을 적용해 계산한다. 다만 비사업용 토지 세율은 10%를 적용한다.

장부가액에 매도 시 중개수수료와 세무사 수수료 등 양도비용은 포함되지 않는다. 취득가액에는 취득 시 지불한 중개수수료, 법무사 비용이 포함된다. 자본적 지출에는 발코니 확장, 시스템에어컨 설치, 새시, 보일러 교체, 방 확장공사 등의 비용이 들어간다.

◇ 토지 등 양도소득 계산구조

4) 귀속사업연도

토지 등 양도소득의 귀속사업연도(양도 시기, 취득 시기)는 대금청산일, 소유권이전등기일, 인도일, 사용수익일 중 빠른 날이다.

79 강화된 법인 주택분 종합부동산세와 절세방안은 무엇인가요?

2020년 6·17 대책으로 법인의 주택분 종합부동산세가 대폭 강화되었다. 2021년부터 개인의 과세표준 94억 원 초과 시 최고세율(3%, 6%)을 법인의 종부세 단일세율로 적용하고 있다.

1) 법인의 종합부동산세

3주택 이상을 보유하거나 조정대상지역의 2주택인 경우 최대 6% 종부세율을 적용한다. 종합부동산세 주택수는 과세기준일인 6월 1일 현재 주택 수 및 조정대상지역 여부가 기준이다. 종합부동산세 세율 적용 시 주택 수는 세대별이 아닌 납세의무자별로 판단하고, 합산배제주택은 주택 수에서 제외한다.

【종합부동산세율】

과세표준	2주택 이하 또는 조정대상지역 1주택			3주택 이상 또는 조정대상지역 2주택		
	개인		법인	개인		법인
	세율	누진공제		세율	누진공제	
3억 원 이하	0.6%	-	3%	1.2%	-	6%
6억 원 이하	0.8%	60만 원		1.6%	120만 원	
12억 원 이하	1.2%	300만 원		2.2%	480만 원	
50억 원 이하	1.6%	780만 원		3.6%	2,160만 원	
94억 원 이하	2.2%	3,780만 원		5.0%	9,160만 원	
94억 원 초과	3.0%	11,300만 원		6.0%	18,560만 원	

2021년부터 법인에 대한 세부담 상한, 6억 원 기본공제가 없어졌다. 종부세 부담이 매우 커진 구조다. 종합부동산세 세부담 상한 제도는 급격한 보유세 인상을 완화하기 위해 해당 연도 주택에 대한 총 세금(재산세와 종부세)이 직전연도 총 세액상당액의 일정 비율을 초과하는 경우 종부세를 과세하지 않는 제도이다.

＊세부담 상한 : 직전연도 (재산세 + 종부세) × 세부담상한율(조정대상지역 2주택(300%). 3주택(300%), 그 외(150%)

2) 종부세 절세방법

① 분산소유

종부세는 법인별로 과세한다. 2개 이상 법인을 만들어 2주택 이하 또는 조정대상지역 1주택으로 분산해 각각 소유하면 3% 종부세율을 적용받는다. 1개 법인이 모두 소유하면 6% 세율이 적용되는 것과 대조적인 부분이다.

② 장기임대주택 합산배제

9·13 대책으로 인해 개인의 경우 2018년 9월 14일 이후 취득한 조정대상지역의 주택은 장기임대주택으로 등록해도 종부세 합산배제를 적용받을 수 없다. 2018년 9월 14일 이후 취득한 비조정대상지역의 장기임대주택(세법상 요건을 갖춘 곳)만 종부세 합산배제 대상이다.

반면 법인은 2020년 6·17 대책 이전에는 지자체, 세무서에 임대사업자 등록을 하면 조정대상지역 주택을 취득해도 합산배제 혜택을 받을 수 있었다. 2020년 6월 18일 이후로는 개인과 마찬가지로 조정대상지역 주택을 가지면 종부세 합산배제 적용을 받을 수 없다. 합산배제를 노리려면 비조정대상지역의 주택 혹은 건설임대주택(취득 시기, 지역 불문)을 10년 장기임대주택으로 등록하는 방법이 있다.

＊장기임대주택 요건 : 앞 질문의 법인세 과세대상 제외주택

중 임대주택 요건과 같다.

③ 기타 합산배제주택

법인의 사택, 기숙사 등 일정 요건을 충족하고 종합부동산세 합산배제 신청을 하면 종부세 과세대상에서 제외된다.

【사원용 주택 등 유형별 합산배제 요건】

주택의 종류	합산배제 요건
사업용 주택	종업원에게 무상 또는 저가로 제공하는 국민주택규모 이하 또는 과세기준일 현재 공시가격 3억 원 이하 주택
기숙사	학생 또는 종업원에게 제공(건축법 시행령 별표1의 기숙사)
주택건설업자의 미분양주택	주택신축판매업자가 소유한 미분양주택으로 사용승인(검사)일로부터 5년 지나지 않은 주택
가정어린이집용 주택	시·군·구청 인가, 세무서 고유번호 발급, 5년 이상 운영
대물변제 주택	시공자가 시행사로부터 대물변제를 받은 미분양주택이며 재산세 납세의무 성립일로부터 5년 이내 주택
노인복지주택	노인 생활에 편의 제공을 목적으로 하는 주택

＊종부세 합산배제 신청기한: 9월 16일~9월 30일. 단, 기한 경과 후 신청해도 합산배제를 적용받을 수 있다.

④ 과세기준일 전 양도

종합부동산세 과세기준일은 6월 1일이므로 과세기준일 전에 양도(잔금청산, 소유권이전등기일 중 빠른 날)하면 종합부동산세를 내지 않는다. 법인은 단기매매 시 중과세율을 적용받지 않으므로 과세기준일 전 단기매도로 주택 수를 조절해 절세할 수 있다.

80 부동산매매법인의 부가가치세는 어떤 건가요?

부가가치세는 상품 거래, 용역의 제공으로 생기는 부가가치에 대해 부과하는 세금으로 매출세액에서 매입세액을 차감해 계산한다.

부동산매매법인이 상가 또는 국민주택 규모보다 큰 주택을 양도하는 경우 부가세 납세의무가 발생한다. 또 상가와 토지 임대도 부가세 신고 및 납부 대상이다. 주택 임대는 국민주택 규모보다 크냐, 작으냐에 관계없이 부가세가 면세된다.

물건	양도	임대
상가	과세	과세
주택	과세(국민주택규모 초과분*)	면세
토지	면세	과세

【사전-2015-법령해석부가-0444】

〔요지〕 부가가치세가 면제되는 주택임대업을 면세사업인 주택임대업에
사용하던 국민주택규모초과주택을 양도하는 경우, 부가가치세가 면제되
는 것임

개인사업자의 과세기간은 6개월이며 법인은 각 과세기간을 3
개월로 나누어 1년에 총 4번 신고·납부한다.

【부가세 신고 기간 및 신고납부】

과세기간	과세대상기간		신고납부기간
제1기 1.1~6.30	예정신고	1.1.~ 3.31.	4.1 ~ 4.25
	확정신고	4.1 ~ 6.30.	7.1 ~ 7.25
제2기 7.1~12.31	예정신고	7.1 ~ 9.30.	10.1 ~ 10.25
	확정신고	10.1. ~ 12.31	다음해 1.1 ~ 1.25

매입세액공제

부동산매매법인이 상가 또는 국민주택 규모를 초과하는 주택

을 매입한 경우 세금계산서·신용카드·현금영수증을 받은 업무 관련 매입세액에 대한 공제가 가능하다. 국민주택 규모 이하 주택을 매입한 경우에는 공제를 받을 수 없다.

사업의 포괄양수도

포괄양수도란 사업의 동일성은 유지하고 경영 주체를 바꾸는 것이다. 미수금, 미지급금, 사업과 직접 관련이 없는 토지·건물 관련된 것들을 승계시킨 경우도 사업의 포괄양수도라고 한다. 이는 재화의 양도로 보지 않으므로 부가가치세 과세대상이 아니다. 부동산 매각 시 매도자는 건물분 부가가치세를 내고 매수자는 매입세액을 환급받으므로 세수 실익이 없는 부가세를 부과하지 않는 것이다. 그래서 상가 건물을 임대하다가 양도할 때, 포괄양수도계약을 하면 부가세를 낼 필요가 없고 매수인으로서 갖는 부담을 줄일 수 있다.

다만 부동산매매법인이 상가 건물을 매입하고 양도하면 재고자산 양도에 해당해 포괄양수도로 인정되지 않으며 부가가치세를 납부해야 한다.

※ 법규부가 2011-0008

사업자가 부동산매매업을 운영할 목적으로 상가건물을 신축해 구분등기한 후 일정 기간 임대하다가 그중 일부를 매각하는 경우에는 재화의 공급으로 보지 아니하는 사업양도에 해당하지 아

니하는 것임

법인의 부동산 임대 시 간주임대료

간주임대료란 임차인이 매월 지급하는 월세 외에 전세보증금을 지급하는 경우 보증금에 일정한 이율을 곱해 계산한 금액이다.

① 부가가치세

법인이 상가를 임대하면 개인과 똑같이 간주임대료를 계산해서 부가세를 내야 한다. 주택의 임대는 면세이므로 간주임대료를 계산하지 않는다.

간주임대료 : 보증금 적수 × 임대일수/365(윤년은 366) × 1.2%

② 법인세

부부합산 2주택 이상 보유 시 간주임대료를 계산해야 하는 개인과 달리 법인은 주택을 임대하는 경우, 간주임대료를 계산하지 않는다. 단, 법인이 장부 기장을 하지 않고 추계로 법인세를 신고하면 주택에 대해서도 간주임대료를 계산해야 한다.

상가는 차입금 과다법인(차입금이 자기자본의 2배 초과하는 법인)인 경우만 간주임대료를 계산해서 법인세가 부과된다.

81 법인 경비처리 방법과 가지급금·가수금은 어떻게 해야 하나요?

1) 법인의 적격증빙 수취 의무

부동산매매법인이 적격증빙을 수취한 경비가 많아야 소득이 줄어 법인세를 절세할 수 있다. 적격증빙을 수취하지 않으면 경비처리가 불가능하지만 계좌이체, 업무관련경비 입증 시 경비로 인정받을 수 있다. 다만, 공급가액의 2% 증빙불비가산세를 부담해야 한다.

＊적격증빙 : 세금계산서(과세), 계산서(면세), 신용카드매출전표, 현금영수증

2) 부동산매매법인의 경비처리

부동산매매법인도 개인과 마찬가지로 부동산 취득가액, 취득세, 중개수수료, 법무사 비용, 소유권소송 비용), 자본적 지출(보일러 교체, 방 확장, 베란다 확장, 시스템에어컨 설치 등), 양도비용(양도 시 중개수수료, 세무사 수수료)을 경비로 인정받을 수 있다.

또 인건비, 수리비, 접대비, 감가상각비, 임차료, 차입금이자, 제세공과금(재산세, 종합부동산세, 자동차세)을 각 사업연도 소득에 대한 법인세 경비로 인정받을 수 있다.

3) 부동산임대법인의 손금 한도 축소

부동산매매법인이 1년 동안 부동산 매각 없이 임대만 하면 주된 사업은 부동산임대법인이 되고 각종 비용 한도가 축소된다.

접대비 한도

중소기업 법인의 경우 접대비 한도가 3,600만 원(일반법인:1,200만 원)이지만 부동산임대를 주업으로 하면 일반법인 대비 한도가 절반으로 줄어든다.

업무용 승용차 관련 비용

승용자동차(개별소비세 과세대상)는 업무용자동차보험에 가입하고 운행기록부를 작성하면 업무사용비율만큼 경비처리를 할 수 있다.

운행기록부를 작성하지 않는 경우 일반법인은 1,500만 원(감가 상각비는 800만 원)까지 경비를 인정받을 수 있지만, 부동산 임대법인은 500만 원(감가상각비는 400만 원)까지만 경비를 인정받는다. 감가 상각비 한도는 취득 기간에 따라 월할 계산한다. 다만, 9인승 이상 차량(카니발, 스타렉스 등), 경차를 법인 명의로 구입하면 업무용 승용 차 한도 규제 없이 전액 업무 관련 비용으로 인정된다.

4) 업무무관비용으로 인정되지 않는 사례

법인의 주주가 사용하는 건물·자동차 등의 유지관리비, 대표 이사의 사적사용경비는 비용으로 인정되지 않는다. 백화점과 마트 등에서의 사용금액, 주말에 사용한 경비, 상품권 구입 비용은 국세청 전산에서 사적 사용혐의 금액으로 구축되어 있다. 법인세 신고 후 당장은 문제가 되지 않더라도 추후 세무조사, 사후검증 과정에서 소명 요구를 받을 수 있다.

5) 가지급금, 가수금

가지급금

세법에서 말하는 가지급금은 특수관계자에게 법인이 대여한 자금이다. 업무 관련성이 없으면 인정이자 계산, 지급이자 손금불 산입(업무 관련성 있어도 계산) 불이익을 당하게 된다. 업무무관 가지 급금에 대한 인정이자는 4.6%(당좌대출이자율)로 이자를 수령해야 한다.

만약 법인이 이자를 수령하지 않는다면 인정이자를 법인 이익금으로 처리하고, 상여로 소득처분되어 귀속자의 소득세까지 부과되므로 특수관계자에게 금전을 빌릴 때 인정이자를 꼭 수령해야 한다.

＊가지급금 인정이자율

법인세법에는 특수관계자와의 금전 대여 시 가중평균차입이자율을 적용하고, 적용이 불가한 경우 당좌대출이자율(현재 4.6%)을 적용하도록 규정되어 있다. 실무에서는 당좌대출이자율을 주로 적용한다.

가수금

가수금은 가지급금과 반대되는 개념으로 법인에게 대표이사 등이 자금을 대여한 금액을 말한다. 이자를 지급하지 않아도 세무상 문제가 없는데 만약 법인이 이자소득을 지급하면, 비영업대금의 이익으로 27.5%(국세 25%+지방세 2.5%) 이자를 원천징수하고 대표이사는 이자소득세를 부담해야 한다.

가수금의 경우 법인이 이자를 지급하지 않는 것이 유리하지만 주주가 얻은 이익이 1억 원 이상이면 증여세 부과 대상이다. 상증세법 제 45조의5(특정법인과의 거래를 통한 이익의 증여 의제 규정을 적용받으려면 가수금이 21억 7,391만 3,043원 이상이어야 한다.

상속세 및 증여세법(상증세법) 제45조의5(특정법인과의 거래를 통한 이익의 증여 의제)

① 지배주주와 그 친족(이하 이 조에서 "지배주주등"이라 한다)이 직접 또는 간접으로 보유하는 주식보유비율이 100분의 30 이상인 법인(이하 이 조 및 제68조에서 "특정법인"이라 한다)이 지배주주의 특수관계인과 다음 각 호에 따른 거래를 하는 경우에는 거래한 날을 증여일로 해 그 특정법인의 이익에 특정법인의 지배주주등의 주식보유비율을 곱해 계산한 금액을 그 특정법인의 지배주주등이 증여받은 것으로 본다.

1. 재산 또는 용역을 무상으로 제공받는 것
2. 재산 또는 용역을 통상적인 거래 관행에 비추어 볼 때 현저히 낮은 대가로 양도 · 제공받는 것
3. 재산 또는 용역을 통상적인 거래 관행에 비추어 볼 때 현저히 높은 대가로 양도 · 제공하는 것
4. 그 밖에 제1호부터 제3호까지의 거래와 유사한 거래로서 대통령령으로 정하는 것

82 법인 인건비 지급 시 유의할 사항은 무엇인가요?

법인의 자금 인출을 위해서는 인건비(급여, 퇴직금)를 경비 처리하면 법인세를 절감할 수 있다. 급여신고자가 있으면 식대는 복리후생비로 경비처리 가능하며 여비, 교통비 등도 경비에 반영할 수 있다.

참고로 가족에게 지급한 인건비도 실제 근무 사실을 입증하면(근무일지, 근태 기록 등) 경비 처리할 수 있다. 대신 국세청에서 소명을 요구하는 경우가 많으므로 대표자 인건비 외 실제 근무하지 않는 가족 인건비는 계상하지 않는 것이 좋다.

1) 4대보험

대표자 및 임직원에게 급여를 지급할 때는 4대보험 지급액을 감안하고 급여를 책정하는 것이 좋다. 법인 대표, 임원에게는 국민연금, 건강보험료만 부과되고 고용보험·산재보험 보험료는 부과되지 않는다. 회사부담분까지 포함하면 급여 지급액의 약 17%를 보험료로 납부해야 한다. 4대보험의 사업주 부담분은 법인 경비로 인정되어 세율(과세표준 2억 원 이하 10%, 2억 원 초과 20%)만큼 절세효과가 있다.

【직장가입자 4대보험요율】

구분	사업주	근로자	계
국민연금	4.5%	4.5%	9%
건강보험 (장기요양보험)	3.495% (건강보험료의 12.27%)	3.495% (건강보험료의 12.27%)	6.99% (건강보험료의 12.27%)

대표자라도 법인에서 급여를 받으면 직장가입자로 분류되어 건강보험료를 절감할 수 있다. 부동산매매법인은 소규모사업자라서 두루누리 지원금을 받으면 국민연금, 고용보험료의 80%를 절감할 수 있다.

2) 임원급여, 상여, 복리후생비

임원의 급여는 일반 직원과 마찬가지로 전액 비용으로 인정받을 수 있다. 다만, 지배주주 등에 지급하는 과다급여, 비상근임원에 대한 아래 케이스들의 급여는 비용으로 인정하지 않는다.

① 법인이 지배주주 등인 임원, 직원에게 동일 직위에 있는 지배주주 등 외의 임원·직원에게 지급하는 금액보다 정당한 사유 없이 많은 보수를 지급한 경우

② 비상근임원에게 지급하는 보수 중 부당행위계산에 해당하는 금액

임원 상여는 정관·주주총회·사원총회 또는 이사회 결의에 따라 규정을 만들고 지급하면 전액 비용으로 인정받을 수 있다.

복리후생비는 아래 열거된 항목들인데 전액 비용으로 인정된다.

- 직장체육비, 직장문화비, 직장회식비
- 우리사주조합 운영비
- 국민건강보험법 및 노인장기요양법에 따라 사용자로서 부담하는 보험료 및 부담금
- 그 밖에 임원 또는 직원에게 사회 통념상 타당하다고 인정되는 범위에서 지급하는 경조사비

이 외 세법에 열거되지 않은 항목은 복리후생비로 인정받을 수 없다. 경조사비는 지급규정과 청첩장, 부고 문자 등 증빙을 갖추고

법인통장에서 직접 인출한 뒤 지급해야 법인 경비로 인정받을 수 있다.

3) 임원 퇴직금

직원 퇴직금은 전액 비용으로 인정되지만, 임원 퇴직금은 세법상 한도를 넘지 않아야 비용으로 인정한다. 또 정관 또는 정관에서 위임받은 퇴직급여지급규정에 따라서 지급해야 하며 이 규정은 법인 설립 때부터 반드시 만들어야 한다. 정관 또는 정관에서 위임한 퇴직급여지급규정이 없다면 법인세법상 한도금액만 비용으로 인정한다.

＊퇴직급여 한도 = 해당 임원의 퇴직 직전 1년간 총급여액 × 10% × 근속연수

소득세법상 임원의 퇴직소득금액 한도를 초과하면 그 초과금액은 근로소득이 된다. 근로소득은 퇴직소득보다 세금 부담이 크므로 소득세법상 퇴직소득 한도 내 금액으로 임원 퇴직급여 지급규정을 만드는 것이 좋다.

4) 사업소득의 경비처리

프리랜서 등 사업자등록을 하지 않은 개인에게 수수료를 지급하면 인적용역소득 지급금액의 3.3%(지방세 포함)를 원천징수한 뒤 매월 10일까지 세무서, 구청에 신고·납부해야 한다.

인적용역소득의 경우 액수가 크거나 동일인에게 계속 지급하는 경우 세무서의 소명 요구를 받을 수 있으니 용역계약서(인적사항, 용역제공 내용, 대가지급액 산정방법)를 작성해 보관해야 한다. 프리랜서로서 수입금액에서 필요경비를 뺀 소득금액이 연 500만 원 이상이면 다음해 5월 종합소득세 신고 후 11월부터 건강보험료를 내야 한다.

83 법인주택임대사업자의 세제 혜택은 무엇인가요?

법인도 2020년 8월 18일 이후 10년 장기임대주택으로만 신규 등록을 할 수 있고, 아파트는 임대주택으로 등록할 수 없다.

또 2020년 6월 18일 이후 조정대상지역에 등록한 임대주택은 종합부동산세 합산배제를 적용받을 수 없고, 토지 등 양도소득 법인세에 대한 과세 제외 혜택도 없다.

다음은 개인·법인 주택임대사업자가 받을 수 있는 세제 혜택을 비교한 표다.

구분	개인	법인
취득세 감면	100% 감면	
임대주택에 대한 재산세 감면	25%~50% 감면	
장기임대주택에 대한 재산세 감면	50%~100% 감면	
종합부동산세 합산배제	가능(2018.9.14. 이후 조정 대상지역 취득분 제외)	가능(2020.6.18. 이후 조정대상지역 등록분 제외)
종합소득세, 법인세 감면	50%~100%	
양도세 중과배제(개인)/ 토지 등 양도소득세 추가 과세 적용(법인)	가능(2018.9.14. 이후 조정대상지역 취득분 제외)	가능(2020.6.18. 이후 등록분은 조정·비조정 대상지역 모두 제외)
장기보유특별공제 50%~70% 특례	가능	불가
양도소득세 100% 감면	가능	불가

1) 각 사업연도소득 법인세 감면

법인주택임대사업자가 다음 요건을 충족한 주택을 단기임대로 등록하면 산출세액의 30%, 장기임대주택으로 등록하면 산출세액의 70% 세액감면을 받을 수 있다. 감면 요건은 개인 주택임대사업자와 같다.

◇ **감면요건**

① 지방자치단체 및 세무서에 주택임대사업자등록을 할 것

② 국민주택 규모 이하 주택을 임대할 것(주거전용면적이 1호 또는 1세대 당 85제곱미터 이하, 수도권 밖의 읍·면 지역은 100제곱미터 이하)

③ 임대 의무 기간 준수

④ 주택 및 부수토지의 기준시가 합계액이 해당 주택의 임대개시일 당시 6억 원(수도권 밖은 3억 원)을 초과하지 않을 것

⑤ 임대보증금 또는 임대료의 연 증가율이 5%를 초과하지 않을 것

2021년 1월 1일 이후 2호 이상 임대 시 단기임대주택은 20%, 장기임대주택은 50%로 세액감면율이 축소되었다.

【소형주택임대사업자 소득세 감면율】

구분		세액감면율	
		단기임대주택	장기임대주택
2020년 이전		30%	75%
2021년 이후	1호 임대	30%	75%
	2호 이상 임대	20%	50%

2) 자진말소, 자동말소

자진말소와 자동말소의 개념, 차이는 주택임대사업자의 자진말소·자동말소에서 다룬 내용과 같다.

종합부동산세 합산배제를 적용받던 법인이 자진말소하거나 자동말소되면 이후 합산배제 혜택은 없지만, 그동안 경감받은 종부세를 추징하지는 않는다.

현재는 장기임대주택으로 등록하면 비조정대상지역 주택(아파트 제외)과 건설임대주택만 종합부동산세 합산배제 혜택 적용 대상이므로, 조정대상지역 내 장기임대주택을 등록하면 실이 득보다 클 수 있음을 주의해야 한다.

무조건 돈버는 부동산 절세 비법

초판 1쇄 인쇄 2022년 3월 10일
초판 1쇄 발행 2022년 3월 20일

지은이 이정윤·최형진·홍용학·이하나·민광식·차하나
펴낸이 권기대

펴낸곳 ㈜베가북스 **출판등록** 2021년 6월 18일 제2021-000108호
주소 (07261) 서울특별시 영등포구 양산로17길 12, 후민타워 6~7층 주식회사 베가북스
주문·문의 전화 (02)322-7241 팩스 (02)322-7242

ISBN 979-11-976735-2-8 (13320)

＊ 책값은 뒤표지에 있습니다.
＊ 잘못된 책은 구입하신 서점에서 바꾸어 드립니다.
＊ 좋은 책을 만드는 것은 바로 독자 여러분입니다.
   (주)베가북스는 독자 의견에 항상 귀를 기울입니다. (주)베가북스의 문은 항상 열려 있습니다.
   원고 투고 또는 문의사항은 vega7241@naver.com으로 보내주시기 바랍니다.
＊ (주)베가북스에 관하여 더 많은 정보가 필요하신 분은 홈페이지를 방문해주시기 바랍니다.

vegabooks@naver.com www.vegabooks.co.kr
 http://blog.naver.com/vegabooks vegabooks VegaBooksCo